Die Lichtflamme in Dir

Einführung
in das kontemplative Gebet
mit Geschichten, Impulsen und Orientierungsbildern

Die Lichtflamme in Dir

Einführung
in das kontemplative Gebet
mit Geschichten, Impulsen und
Orientierungsbildern

Bibliographische Information der Deutschen Nationalbibliothek
Die Deutsche Nationalbibliothek verzeichnet diese Publikation
in der deutschen Nationalbibliographie; detaillierte bibliographische
Daten sind im Internet über http://dnb.d-nb.de abrufbar

© 2024 Michael Pflaum
Korrigierte 3. Fassung
Verlag:
BoD · Books on Demand GmbH, In de Tarpen 42,
22848 Norderstedt
Druck:
Libri Plureos GmbH, Friedensallee 273, 22763 Hamburg
ISBN: 978-3-7460-4951-9

Inhalt

Einführung in die Kontemplation

„Kontemplative Exerzitien" von Franz Jalics

Der Jesuitenpater Franz Jalics hat zwei spirituelle Traditionen miteinander verbunden und daraus „Kontemplative Exerzitien" gemacht. Im Exerzitienhaus Gries hat er jahrzehntelang unermüdlich zu diesen Exerzitien angeleitet.

Als Jesuit steht er natürlich in der Tradition der ignatianischen Exerzitien. Er lernte aber auch das Jesusgebet kennen, das die Wüstenmönche in der Alten Kirche schon pflegten und die man in der Schrift „Philakolie" oder kompakt in „Kleine Philakolie" nachlesen kann:

„Und Klimakos: „Vereinige deinen Atem mit dem Gedanken an Jesus, und dann wirst du erkennen, wie gut die Ruhe ist." […] Aber die Fortgeschrittenen und Vollkommenen in Christus haben schon genug an den Worten Herr Jesus Christus, Sohn Gottes, ja sogar an der Anrufung des Namens Jesu allein. Sie üben und lieben es wie das vollständige Gebet und werden dadurch von unaussprechlicher Freude erfüllt, die jede Erkenntnis, jedes Gesicht und jedes Wort übersteigt."[1]

In der 4. Woche der Exerzitien führt Ignatius in das kontemplative Gebet ein. Diesen Teil hat Franz Jalics zu eigenständigen kontemplativen Exerzitien ausgearbeitet und in seinem Buch „Kontemplative Exerzitien" ausführlich dargelegt. Die vorliegende Schrift führt auf fünf verschiedene Weise in kompakter Form in die kontemplativen Exerzitien ein und enthält alles Wesentliche dieses spirituellen Weges.

---

[1] Kleine Philakolie. Betrachtungen der Mönchsväter über das Herzensgebet, Düsseldorf 1997, S. 101f.

Einführung in die Kontemplation mit Loriots Feierabend

Kennen Sie Loriots Sketch „Feierabend"? Da sitzt der Ehemann gemütlich in seinem Lehnsessel. Er hat Feierabend. Er hat gearbeitet und gegessen und möchte jetzt einfach … ja da gibt es mehrere deutsche Wörter, die das umschreiben: entspannen, verweilen, chillen, einfach da sitzen. Oder in Lateinisch: Kontemplation!

Aber seine geschäftige Frau in der Küche unterbricht die Ruhe: Herrmann! Ja sie will wirklich das Beste für ihn, sie will ihm wirklich gut sein, sie will die umsorgende Ehefrau sein. Aber eines ist jenseits ihrer Vorstellung: Dass Einfach-da-sitzen schön und sinnvoll ist. Dass man sich genau das wünscht. Sie ist gleich einer beschäftigten Biene, die immer aktiv ist, außer wenn sie schläft.

Also empfiehlt sie ihm: Lies doch mal was, geh doch mal spazieren! Soll ich Dir den Mantel bringen! Du tust ja nicht das, was Dir Spaß macht! Stattdessen sitzt du da!

Irgendwann muss der Ehemann brüllen: Ich sitze hier, weil es mir Spaß macht!

Der Leser möge diesen Text unter zwei Perspektiven lesen: Erstens als ein Gespräch zwischen einer aktiven Ehefrau und einem Ehemann, der einfach im Sessel sitzen will und nichts tun und denken will. Zweitens als ein Gespräch, das in einer Person stattfindet; ein Gespräch zwischen dem aktiven Ich und einer anderen Seite in der Person, die einfach in Ruhe und Stille verweilen möchte.

Ich glaube, das kennt jede und jeder: Man will einfach mal da sein, verweilen, chillen, lauschen, in der Gegenwart verweilen, entspannen. Aber da kommt der unruhige Verstand und quatscht einen voll. Du musst noch das erledigen. Schau doch mal ins

Fernsehen. Das Missverständnis gestern, dieser schreckliche Kerl usw. Ja der Streit zwischen Ehemann und Ehefrau in Loriots „Feierabend" findet in mir statt. Der unruhige Verstand bringt immer neue Gedanken hervor. Für unseren aktiven Verstand ist einfach Da-sein etwas Fremdes, Unverständliches.

Aber genau danach haben wir immer wieder Sehnsucht. Und wir erleben darin auch höchste Sinnmomente: Eine Blume bestaunen, ein Baby anlächeln, eine Berglandschaft betrachten, in die Stille lauschen, das Leben selbst in sich und um sich herum spüren, auf Jesus Christus schweigend schauen. Es gibt viele solche verweilende Momente: in sich wertvoll und sinnvoll.

Wenn wir diese Szene als ein Selbstgespräch in einer Person lesen, erkennen wir deutlich die Spannung: da ist einmal das aktive Ich, das organisieren, reflektieren, Aufgaben lösen, abwägen, diskutieren und entscheiden kann. Andererseits besteht auch ein Wunsch nach „kontemplativen" Zeiten, nach Zeiten in Ruhe und Stille. Da ist aber noch das aktive Ich, das fast ständig in uns „plappert". Plötzlich hindert das aktive Ich unsere freie Entfaltung, Ruhe, Stille und Entspannung zu genießen. Das aktive Ich kann auch nicht durch Aktivität ruhig gestellt werden. Es nützt nichts, wenn wir aktiv zu unseren Gedanken sagen: Geht weg, ich brauche euch jetzt nicht.

Besser ist es, in die Stille hinter den Gedanken zu lauschen – und mit der Zeit wird die Stille stärker und präsenter und die Gedanken weniger.

Unser unruhiger aktiver Verstand kann in der Zeit der Stille, des Gebetes, des Verweilens ruhig werden, neu sich ausrichten. Da können Sorgen in neuem Licht erscheinen. Da kann man plötzlich Abstand zu den Sorgen bekommen.

Aber was noch wichtiger ist, dass das Eine, das Entscheidende wieder deutlich wird: Das Leben auf Jesus Christus ausrichten und im Hier und Jetzt immer neu das Leben entdecken.

Schnupperübung: Schokolade essen – mit dem Anfängergeist

Bei Jugendlichen im Schulunterricht lasse ich die kontemplative Wahrnehmung durch eine einfache Übung entdecken. Ich verteile Merci-Schokolade, für jeden Schüler ein Stück. Und dann bitte ich die Jugendlichen, dass sie mal ganz langsam und bewusst die Schokolade essen sollen, so als ob sie das erste Mal Schokolade essen würden. Plötzlich schmeckt die Schokolade anders. Normalerweise wird Schokolade von ihnen nebenher gegessen, beim Hausaufgaben machen, beim Fernsehen, während einer Unterhaltung. Man achtet nicht auf den Geschmack. Da ist es eine faszinierende Entdeckung, mit dem Anfängergeist bewusst ein Stück Schokolade zu essen.

Wir steigen leicht ins Staunen, in die kontemplative Wahrnehmung ein, wenn wir uns sagen: Ich tue so, als ob ich das das erste Mal mache bzw. erlebe. Ich versetze mich in einen „Anfängergeist".

Probieren Sie es einfach aus! Wenn Sie das nächste Mal spazieren gehen, dann sagen Sie sich einfach: Ich gehe heute mal ganz frisch in den Wald. Ich gehe in den Wald, als ob ich ihn ganz neu sehen würde, als ob ich ihn das erste Mal sehen würde. Und dann gehen Sie ganz langsam, schauen herum, und Sie werden merken, dass Sie irgendwie anders Pflanzen, Erde, Wurzeln, Bäume wahrnehmen als sonst. Vielleicht merken Sie, dass Ihnen alles ganz wirklich vorkommt und Sie merken den Unterschied zu der trockenen Gedankenwelt. Das ist jetzt real, wirklich und voll Fülle. In der Gedankenwelt sind Sie in der Vergangenheit oder in der Zukunft aber nicht im Hier und Jetzt, in der Wirklichkeit. Die Gedankenwelt ist nicht so real und füllig wie die Realität Hier und Jetzt!

Oder Sie merken, dass Sie das Staunen beginnen. Vielleicht wissen Sie aus der Biochemie, wie die Zusammenhänge sind, wie der Fotosynthesezyklus abläuft. Aber wenn Sie das konkrete Blatt vor sich haben, spüren Sie vielleicht, dass dieses Wissen nicht das Wunderbare, das Erstaunliche erklärt und auflöst. Die Wirklichkeit ist trotzdem ein Wunder. Und Sie ahnen vielleicht eine Lebenskraft, eine Schöpferkraft. Sie erahnen das Reich Gottes im Hier und Jetzt, in der Lebenskraft der Pflanzen und Tiere.

Die Haltung des Anfängergeistes wehrt sich gegen eine übliche Tendenz bei uns: das kenne ich schon, das habe ich schon so oft erlebt, da bin ich inzwischen Experten, da kenne ich mich aus, das ist langweilig, weil ich es schon sooft erlebt habe. Aber wie viel geht uns verloren, wenn wir immer schon meinen, wir wissen alles! Insbesondere entgleitet uns die Wirklichkeit selbst, der gegenwärtige Moment selbst, wenn wir meinen, wir kennen uns schon total aus. Der Anfängergeist führt uns zurück zum gegenwärtigen Moment, zur Wirklichkeit selbst!

Deswegen ist er so wichtig bei der Meditation. Die Menschen, die wirklich den tiefen Sinn von Meditation verstanden haben, versetzen sich immer neu in den Anfängergeist. Sie sagen sich: Ich versuche, meinen Atem, meinen Körper, die Stille, den Augenblick jetzt ganz neu und frisch wahrzunehmen. Und wer den Namen Jesus Christus meditiert, der möchte ganz neu Jesus Christus ansprechen, ganz neugierig und offen sein für den Herrn, der uns zum absoluten Geheimnis, Gottvater, führt.

Wer im Anfängergeist betet, der macht sich geistig leer, der legt seine Vor-urteile, seine Meinungen, seine alten Erfahrungen ab – oder anders gesagt: er begibt sich in die Wolke des Nichtwissens, wie es ein Mystiker des Mittelalters ausdrückt.

Die Übungen

1. Übung: Natur wahrnehmen

Die erste Übung besteht darin, die Natur wahrzunehmen. Zum Beispiel: Ich schaue einen Baum an. Ich versuche, ohne Gedanken wahrzunehmen. Es kommen mir vielleicht Gedanken (wo ist ein Vogelnest?, der Baum ist krank!, wie alt ist der Baum?). Dann komme ich zurück zum Anschauen, ich lasse die Gedanken los. Ich kann auch die Erde in den Händen spüren, den Vögeln zuhören, meine Schritte spüren. Sich zu zerstreuen ist nicht schlimm, wichtig ist das Zurückkehren. Ich brauche nichts beurteilen, nichts verändern wollen.

Beim Wahrnehmen merken wir: Wir werden „passiv", wir brauchen nichts erreichen, nichts machen. Wir sind ohne Leistungsdruck, der sonst Angst und Hektik bewirkt. Gelassenheit macht sich breit: Es darf alles so sein, wie es ist! Wenn Langeweile aufkommt, frage ich mich: "Wie spüre ich diese Langeweile?" Dann komme ich zurück zur Natur. So versuche ich nicht, die Langeweile aktiv zu verändern. Ich nehme sie wahr, ich bleibe damit in der Wahrnehmung. Diese Übung kann man auch in ganz alltäglichen Situation „durchführen": Beim Weg in die Arbeit, beim Warten, beim Zugfahren, usw.

2. Übung: Körper und Atem nachspüren

Ich nehme hellwach, mit Interesse meinen Körper wahr und bleibe konsequent dabei. Ich nehme mich aufmerksam, absichtslos, akzeptierend wahr.

Ich spüre in meinen Körper hinein und beginne bei den Füßen, Beinen, dann Oberschenkel, danach Gesäß, Oberkörper, Arme, Hände, das Gesicht.

- Wie spüre ich diesen Teil des Körpers?

Nun kommt der Atem. Der Atem darf sein, wie er ist, flach oder stark, ruhig oder hektisch. Ich habe nicht die Absicht, den Atem zu verändern, zu verbessern oder zu kontrollieren.

- Wie spüre ich den Atem in der Nase?
- Wie spüre ich den Temperaturunterschied von ein- und ausgeatmeter Luft? (Wenn ich etwas nicht spüre, macht das nichts. Wir müssen nichts erreichen. Es geht allein um die Aufmerksamkeit, auf das interessierte Hinhorchen, auch wenn nichts zu spüren da ist.)
- Wie spüre ich den Rachenraum, die Luft in der Luftröhre?
- Wie spüre ich die Bewegung der Rippen und des Brustkorbes?
- Wie spüre ich die Bewegung des Zwerchfells unter der Lunge und das Heben und Senken des Bauches und dessen Organe?
- Wie nehme ich insgesamt mein Einatmen und Ausatmen wahr?

3. Übung: *In die Hände spüren*

Ich setze mich und lege die Hände ineinander. Die Handmittelpunkte „schauen aufeinander". Am Anfang nehme ich den Körper wahr, dann komme ich zu den Händen. Mit ganzer Aufmerksamkeit spüre ich in die Hände und in den Innenraum zwischen den Händen. Wie spüre ich die Mitte meiner Handflächen?
Ich kann auch die Hände auf Brusthöhe erheben und in den Zwischenraum zwischen den Händen spüren. (Die Orantenhaltung, die der Priester beim Hochgebet einnimmt. Auch hier sollen die Handinnenflächen aufeinander ausgerichtet sein.) Diese Handhaltung hilft vielen, gut in die Hände zu spüren und den Raum zwischen den Händen bewusst wahrzunehmen.
Wenn ich mich zerstreue, komme ich wieder zurück zur Wahrnehmung der Hände. Diese Übung ist eine „Vertiefung", weil wir nicht mehr unser „Wahrnehmungsobjekt" wechseln. Das schafft noch mehr Ruhe und Sammlung.

4. Übung: *Ja innerlich sprechen*

Die Hände liegen ineinander auf den Oberschenkeln. Wenn ich ganz dabei bin, in die Hände spüre, sage ich innerlich mit dem Ausatmen ein verlängertes „Ja" in die Hände. Ich kann diesem Ja zuhören, auf den Klang horchen und ganz dabei sein. Mit etwas Anlaufzeit kann ich bei jedem Ausatmen das Ja sprechen. Ich nehme also nun aufmerksam die Hände, den Atem und das Ja wahr.

5. Übung: Das Jesusgebet

Man sollte das Jesusgebet erst beginnen, wenn man das Ja ohne Probleme aufmerksam innerlich sprechen kann. Bei jedem Ausatmen „Jesus" innerlich sprechen und beim Einatmen „Christus". Man kann am Anfang auch nur „Jesus" beim Ausatmen sprechen und beim Einatmen in die Stille lauschen. Wichtig ist das innerliche Zuhören: Hellwach mit Interesse den Namen mit innerem Klang sprechen und wahrnehmen, ob er in den Händen ankommt.

Bitte nicht den Namen mit Bilder und Geschichten aktiv verbinden, das führt in die Gedanken, ins aktive Nachdenken und nicht in die Kontemplation. Der reine Name führt uns in die Wahrnehmung der puren Gegenwart, in der Jesus Christus vollständig gegenwärtig ist. Wir brauchen dazu keine Assoziationen! Das Aussprechen des Namens verbindet uns mit der Person Jesus Christus, der Name führt uns zu ihm, auch wenn wir es nicht immer spüren. Eine Du-Ausrichtung auf Jesus kann auch jenseits von Bilder und Assoziationen geschehen.

Die Zeit des Gebetes Gott schenken

Kontemplation ist Hingabe, Gottesdienst und Lob mit dem Sein, einfach für Gott da sein. Deswegen ist es gut, vor jeder Meditation die Absicht zu erneuern, diese Zeit Gott zu schenken.

1) **Vor jeder Meditation die Absicht erneuern**: „Diese halbe Stunde schenke ich Dir. Das ist meine Hingabe (mein Dienst, mein Lob). Ich bin für dich da." Man kann diese Absichtserklärung mit einem Ritus verbinden als Erinnerungsstütze, z. B. dem Kreuzzeichen oder dem Vater-unser oder einem anderen Gebet (siehe Anfangsgebet hier in diesem Buch.)

2) Man kann **nach der Meditation einen Test durchführen**, ob ich wirklich für Gott meditiert habe: Angenommen es war eine Meditation, die nicht gut lief, und ich stehe auf und bin zufrieden und kann sagen: „Herr, das war eine armselige Stunde, aber ich habe gegeben, was ich konnte, und ich bin zufrieden." - dann war die Meditationszeit für Gott. Das bedeutet auch: Unabhängig von den Ergebnissen sein! Wenn ich Unzufriedenheit spüre, habe ich wenigstens zum Teil für mich meditiert. Es ist gut, das nüchtern festzustellen. Wenn ich dann zu Gott sage: Ich gebe Dir meine armselige Stunde und meine Unzufriedenheit! – dann richte ich mich wieder auf Gott aus und vertraue, dass er mich führt.

Die Lichtflamme

1. Der Anfang der Geschichte

Es war zur Zeit der Kreuzfahrer, in Florenz: da lebte ein Mann namens Raniero, Sohn eines Waffenschmieds. Er war ein Haudegen, der jede Keilerei mitmachte.

Er war mit Franziska verlobt, Tochter von Jacopo, eines weisen und mächtigen Mannes in Florenz. Der Vater von Franziska forderte von Raniero ein Versprechen, bevor er seine Tochter diesem wilden Kerl zu Frau gab: „Wenn Franziska dich verlassen will, dann musst du sie frei zu mir zurückkehren lassen." Raniero willigte ein.

Immer wieder machte Raniero, ohne es selbst zu merken, Dinge, die Franziska sehr weh taten. Einmal erschoss er ihre Wachtel, nur um sein tolles Scheibenschießen unter Beweis zu stellen. Ein anderes Mal verbreitete er das Gerücht, Hanf sei im Flachs von der Schwiegervaters Werkstatt. Ein anderes Mal trieb er mit ihrem Bruder, der die Angewohnheit hatte, andere Kleider aus Venedig zu tragen, bösen Schabernack: Raniero trank den Bruder von Franziska unter den Tisch und hängte seine Kleider an eine Vogelscheuche auf.

Bei all diesen Fällen kam Franziska immer das gleiche Bild für ihre innige Liebe zu Raniero: ein großes Stück leuchtenden Goldstoffes. Es glänzte ganz herrlich. Aber mit jeder Tölpelei von Raniero, mit der er sie verletzte, wurde ein kleiner Teil dieses Stück Goldstoffes abgeschnitten.

Mit der Zeit wechselten die beiden auch böse Worte miteinander. Es gab in der Werkstatt von Raniero einen Gesellen, der klein und hinkend war. Er hatte Franziska schon geliebt, bevor sie sich verheiratete, und liebte sie weiterhin - still. Raniero aber wusste das und hänselte den Armen, der es nicht ertragen konnte, in der

Gegenwart von Franziska zum Gespött gemacht zu werden. Da stürzte einmal dieser Geselle auf Raniero, um mit ihm zu kämpfen. Dieser stieß ihn Hohn lachend zur Seite. Da erhängte sich der Arme aus Kram.
Da sah Franziska das Stück Goldstoffes vor sich und erschrak: Bleibe ich nochmals ein Jahr bei ihm, ist meine Liebe dahin. Ich muss ihn verlassen, um der Liebe willen! Sie ging zum Vater zurück.

Der gute Kern Wir Christen gehen davon aus, dass der Mensch einen guten Kern hat. Die Schöpfungsgeschichte drückt das so aus: Als Gott den Menschen anschaute sagte er: „Und es ist sehr gut." Im zweiten Teil der Schöpfungsgeschichte lebt der Mensch im Paradies. Der Garten Eden steht für den guten Kern in jedem Menschen. Dieser gute Kern ist nicht durch den Sündenfall zerstört worden. In diesem guten Kern haben wir einen unmittelbaren Kontakt zu Gott und wir sind mit uns selbst und mit den anderen Menschen und der Welt im Guten verbunden.
In unserer Geschichte von Raniero sehen wir das daran, dass Franziska Raniero wirklich lieben kann. Sie hat eine gewisse innere Verbindung zu dem guten Kern von Raniero. Aber - und das ist das Problem - Raniero hat wenig Zugang zu seinem eigenen guten Kern. Das ist das Grundproblem: Wir alle haben mehr oder weniger den Zugang zu unserem göttlichen Kern verloren - manche sehr stark, manche sehr wenig.
In der Taufe erfährt Jesus, dass er einen göttlichen Ursprung hat, dass dieser göttliche Ursprung in ihm lebendig ist. Diese Erfahrung prägt ihn so sehr, so dass er sein ganzes Leben aus diesem göttlichen Ursprung heraus gestaltet.
Wahres Glück entdecken wir nur durch den Kontakt mit unserem göttlichen Ursprung. (Diese Aussage führt nicht zur Weltflucht: Vielmehr können wir die weltlichen Dinge in rechter Weise

genießen, wenn wir einen Bezug zu unserem guten Kern haben. Dann entdecken wir immer mehr Gott in allen Dingen.)

Wenn wir diesen Kontakt nicht haben, suchen wir nach anderen Strategien, uns das Glück zu erarbeiten. Wir bemühen uns um Ansehen, Wohlstand, Einfluss. Und dann kann es passieren: Wir übertreiben mit unseren Strategien, wir übersehen unsere Mitmenschen, werden gierig, angeberisch, machtbesessen usw.

Ich-bezogen In unserem Wahn, unser Glück selbst herstellen zu können, damit wir unsere Angst, unsere Bedürftigkeit und unseren Neid und unsere Geltungssucht bewältigen können, übersehen wir den anderen als Mitmenschen und verletzen ihn. Genau das passiert Raniero: Er verletzt und beleidigt andere Menschen, weil er völlig ich-bezogen ist. Er sieht nur seinen Blickwinkel der Welt und kann sich nicht in andere hineinfühlen und lebt deswegen in Disharmonie mit den anderen Menschen.

Dunkle Schicht und Ablenkungsmanöver Wir haben einen inneren guten Kern, durch den wir erfahren können, wer wir in Gott sind und wer Gott in uns ist, wie wir von ihm geliebt und getragen sind, wie wir Kinder Gottes, Tempel des Heiligen Geistes und Glieder Christi sind, wie die ganze Heilige Dreifaltigkeit in uns wohnt. Über diesen heilen Kern liegt die dunkle und schmerzhafte Schicht der Verletzungen, Enttäuschungen, angstvollen Situationen, evtl. traumatischen Erlebnissen, die uns den Zugang zum guten Kern erschwert. Um die dunkle Schicht nicht spüren zu müssen, haben wir Abwehrmechanismen errichtet. Sie sollen uns vor unseren Dunkelheiten schützen und uns eine schmerzlosere Lebensweise ermöglichen.[2]

Wir beschäftigen uns sehr ungern mit dieser dunklen Schicht. Wir haben unsere Ablenkungsmanöver. Alle verschiedenen Formen

---

[2] Siehe dazu auch: Michael Pflaum: Exerzitien der Selbstliebe. Predigten. Übungen. Essays: Neues Verständnis von Ego und Selbst durch IFS.

von Aktivismus, Konsum und „Zerstreuung" können dafür benutzt werden: Angefangen bei den „harmlosen" Aktivitäten wie z. B. Wohnung aufräumen, Fernsehen, bis hin zu Alkohol trinken, oder noch extremere Drogen konsumieren.

Gerade in der Kirche oder in anderen Organisationen ist der „Fleiß", die „heilige Aktivität" ein sozial anerkanntes Ablenkungsmanöver. Die ständige Arbeit kann den Priester oder Manager genauso gut vor den Dunkelheiten „fernhalten", wie das Handy dem Jugendlichen zur Ablenkung dient. Wenn wir es aber nicht wagen, die dunkle Schicht mit der Kraft Gottes heilen zu lassen, wächst der Kontakt zu unserem guten Kern nicht. Raniero jedenfalls hat überhaupt kein Gespür für seine Schattenseiten. Aber er strahlt diese Disharmonie aus!

Nun versuchte Raniero durch allerlei Großtaten, Franziska zu beeindrucken. Er brachte gefährliche Räuber zu Fall und ähnliche Heldentaten. Aus den Gewinnen dieser Taten spendete er das Kostbarste immer dem Heiligen Madonnenbild in der Domkirche - aber das bewegte die verletzte Liebe Franziskas nicht.

Die gute Absicht reicht nicht Er handelt in guten Absichten. Auch wir nehmen uns z. B. in guter Absicht vor, nicht mehr wütend zu sein. Aber plötzlich merken wir, dass Wille und Absicht nicht ganz unsere Wut beseitigen kann. Franziska weiß jedenfalls genau, dass Raniero zwar in guter Absicht handelt, aber dass dies nicht reicht für eine echte Veränderung.

Unsere Dunkelheiten, die unsere Absichten ins Leere laufen lassen, müssen anfangen zu heilen. Dann geschieht Veränderung.

Die vier Beziehungslinien Wir Menschen stehen in vier Beziehungslinien: Meine Beziehung zu Gott, zu mir selbst, zu den Mitmenschen, zur Schöpfung Gottes. Alle diese Beziehungen hängen zusammen.

Viele werten ihre Gottesbeziehung höher ein als ihre Beziehung zu den Mitmenschen. Das ist eine Täuschung. „Wenn einer spricht: Ich liebe Gott, und seinen Bruder hasst, ein Lügner ist er." (1 Joh 2,20) (Einer der sich selbst belügt!)

Die reale, lebendige Gottesbeziehung eines Menschen ist identisch mit den Beziehungen zu seinen Mitmenschen. Jemand kann in seiner Vorstellung, in seinen Gedankenkonstrukten davon ausgehen, dass er Gott in großem Maße liebe; wenn er aber mit vielen Menschen seiner Umgebung zerstritten ist, dann ist seine reale Gottesbeziehung ebenso gestört. Wenn man wissen will, wie viel das Meditieren eines Menschen schon „gefruchtet" hat, muss man nur erleben, wie er mit Mitmenschen umgeht. Wenn er sich gegenüber seinen Mitmenschen egozentrisch verhält, war er bis jetzt auch in der Meditation in seinem Egoismus gefangen.

Nicht zuhören können und Leistungsdruck Was sind die wichtigsten Gründe für das Scheitern der Nächstenliebe? Viele Menschen können nicht wirklich zuhören. Wenn man richtig zuhören will, muss man selbst offen und leer sein. Das heißt ganz konkret, dass ich mich während des Zuhörens gedanklich nicht nebenher mit meinen eigenen Gedanken, Ideen, Ratschlägen beschäftige. Ich höre wirklich zu, akzeptierend, aufmerksam, absichtslos. Ich eröffne mit meinem Zuhören für den anderen einen „offenen und leeren Raum".

Der andere große Grund für das Scheitern der Nächstenliebe ist der Leistungsdruck, in den wir uns einspannen und gefangen nehmen lassen. Es ist normal, dass wir Leistungen zu erbringen haben. Wenn wir aber gedanklich ständig darum kreisen und uns fortwährend sorgen, dann können wir auch nicht den Blick auf den Nächsten richten. Dann gehe ich am Nächsten vorbei wie der Priester und der Levit, die sich aufgrund ihres Amtes zu stark in den Leistungsdruck haben einwickeln lassen.

So schloss er sich den Kreuzrittern an. Bevor er Florenz verließ, hatte er vor der heiligen Madonna das Gelöbnis abgelegt, der heiligen Jungfrau das Beste und Vornehmste zu schenken, was er in jedem Kampfe erbeuten würde.

2. Der Entschluss in Jerusalem

In der Nacht nach dem Tage, an dem Jerusalem erobert worden war, herrschte in dem Lager der Kreuzfahrer vor der Stadt große Freude. Raniero saß mit seinen Kampfgenossen beim Wein und bei ihm ging es fast noch wilder zu als sonst irgendwo. Raniero hatte auch wirklich Grund dazu, ein großes Fest zu feiern, denn er hatte an diesem Tage höhere Ehre gewonnen denn je zuvor. Er war nach Gottfried, dem Anführer der Kreuzfahrer, der erste gewesen, der die Mauern bestiegen hatte, und am Abend war er für seine Tapferkeit vor dem ganzen Heer geehrt worden. Er sollte der erste sein, der seine Kerze an den heiligen Flammen in der Grabeskirche entzünden durfte, die vor dem Grab Christi brennen. Am späten Abend, als Raniero und seine Gäste in bester Laune waren, kam ein Narr und ein paar Spielleute, die überall im Lager umher gewandert waren, um die Leute zu unterhalten. Der Narr begann eine Erzählung, in der der Herr Jesus Christus und der Heilige Petrus vom Himmel hinunter schauten. „Petrus sagte: Ich habe manches Jahr darüber geklagt, dass Jerusalem in der Gewalt der Ungläubigen ist, aber nach allem, was sich heute zugetragen hat, meine ich, dass es ebenso hätte bleiben können, wie es war. So viel Blut und Mord durch Christen! Abscheulich!" Nach diesen Worten hörten Raniero und seine Gäste genau zu.
„Unser Herr versuchte einen Einwand: Du kannst doch nicht leugnen, dass die christlichen Ritter ihr Leben mit größter Unerschrockenheit gewagt haben." Da kam großer Beifall von

den Zuhörern. „Petrus antwortet: Sie haben ja den ganzen Tag gemordet und geplündert. Ich verstehe gar nicht, dass du es dir gefallen lässt, dich kreuzigen zu lassen, um dir solche Bekenner zu schaffen." Die Ritter nahmen den Scherz gut auf. Sie begannen laut und fröhlich zu lachen.

„Aber da beugte sich der Herr nach unten und schaute ganz angestrengt. Wonach schaust du, fragte Petrus. Nach einer Weile sagte der Herr: Sehe ich richtig oder falsch - hat da ein Ritter ein brennendes Licht neben sich?" Da wurde Raniero böse, er wollte den Narr schon verprügeln, aber er bezwang sich, um zu hören, ob der Bursche zu seiner Ehre oder zu seiner Schande sprechen wollte. Der Narr fuhr fort: „Da sah auch Petrus dieses Licht. Der Herr sagte: Siehst du nicht, wie ängstlich er um das Licht besorgt ist? Merke dir, dass der Ritter hier frommer werden wird als Gottfried! Von wo gehen Milde und Frömmigkeit aus, wenn nicht von meinem Grabe." Da erhob sich ein ungeheures Gelächter. Raniero sprang auf und wollte den Narr zurecht weisen. Aber da zeigte sich nun, wie sehr es Raniero am Herzen lag, das Licht brennend zu erhalten. Da sagte einer der Gäste: „Eines steht fest, Raniero, dass du diesmal der Madonna in Florenz nicht das Kostbarste darbringen kannst, was du im Kampf errungen hast. Denn diese Lichtflamme kannst du nicht nach Florenz schicken, ohne dass sie ausgeht." Da fasste Raniero seinen Entschluss und sagte: „Ich werde diese Lichtflamme selbst nach Florenz bringen." Damit hatte Raniero sein Ziel erreicht. Alle im Zelt hatten zu lachen aufgehört. Sie saßen erschrocken da und starrten ihn.

Raniero beginnt den kontemplativ Weg, ohne es zu wissen.
Wenn wir merken, dass unsere Schattenseiten unseren Charakter negativ beeinflussen, dann gehen wir normalerweise folgenden Weg: Wir versuchen aktiv uns zu bessern. Raniero versucht auch

aktiv, Franziska zu beeindrucken. Aber er gewinnt sie dadurch nicht zurück.

Die zweite Möglichkeit wird er nun mit seiner Lichtflamme in der Hand beschreiten: es ist der Weg in die Stille, in dem man nur auf das eine - bei Raniero die Lichtflamme - schauen soll und ganz vertrauen soll. Im Jesusgebet ist das die Aufmerksamkeit auf die Hände, den Atem und den Namen „Jesus Christus". Sich aktiv mit Willen und Verstand ändern zu wollen ist ein vorkontemplativer Weg; man kann einige Erfolge erzielen - aber irgendwann bleibt man stocken und weiß nicht weiter. Spätestens dann ist die Zeit reif für die Wende zur Kontemplation.

Raniero beginnt seinen Weg aus ganz egoistischen Gründen: Er will sich vor dem Narr und den Mitstreitern nicht die Blöße geben, vielmehr sollen sie größten Respekt haben. Den flößt er ihnen ein, indem er laut verkündet, er selber werde die Kerze nach Florenz tragen. Der Weg reinigt seine egoistischen Tendenzen.

Der Ichbezogene sieht eigentlich nur sich als Person, die anderen Menschen aber als Mittel für seine Zwecke.

Beim Ich-bezogenen geht es immer um die Satelliten, die ums Ich kreisen und die wir pflegen: Grammatikalisch erkennt man das an den Possessivpronomen: Meine! Meine Sorgen, meine Wünsche, mein Eigensinn, mein eigener Wille und Standpunkt!

Der ich-bezogene Mensch ist unversöhnt mit der Gegenwart. Immer möchte er etwas ändern, immer gibt es irgendetwas, das jetzt nicht passt, das verbessert oder das verändert oder abgeschafft werden muss. Eine innere Unzufriedenheit mit dem Hier und Jetzt treibt ihn aus der Gegenwart und blockiert das einfache Hier-Jetzt Dasein, das Staunen und Genießen.

In der Versuchung Jesu sind alle drei großen Ausprägungen der Ichbezogenheit dargestellt: Habsucht, Machtsucht, Ehrsucht. Jesus widersteht allen drei Versuchungen.

Fange ich an, Menschen mit ihrer Würde zu achten, verändert sich was: Habsucht wird Teilen und Schenken; Machtsucht wird Dienstbereitschaft; Ehrsucht wird Hochachtung, Würdigung. Auch in Bezug auf Gott gibt es die Haltung der Ichbezogenheit: Der habsüchtige Fromme: Er betet lang und viel, um von Gott etwas zu erhalten. Er sucht letztlich die Gaben Gottes, nicht Gott selbst. Der um Macht kämpfende Egoist: Er hat klare Vorstellung vom Willen Gottes, von Gerechtigkeit und Frieden. Damit kreist er um seinen Willen. Und empört sich über den nicht folgenden Gott! Der eifrige und tugendhafte Egoist möchte von Gott gelobt werden, dass er soviel betet und soviel Gutes tut. Wenn wir wirklich Gott-bezogen sind, dann wollen wir uns Gott hingeben, Gott dienen und Gott loben. Kontemplation: Hingabe, Gottesdienst, Lob mit dem Sein, für Gott da sein. Deswegen beginnen wir auch immer die Meditation mit der Absichtserklärung, Gott die Zeit zu schenken.

Warum meditiere ich? Will ich zur Ruhe kommen, Abstand von der Hektik gewinnen, besser arbeiten können, richtige Entscheidungen, Heilkräfte wecken, religiöse Gefühle haben wollen, Vergangenheit aufarbeiten, über Zukunft nachdenken, Verhaltensweisen ändern? Dann will ich die Gaben Gottes. Aber suche ich Gott selbst? „Sucht zuerst das Reich Gottes; alles andere wird Euch dazu geschenkt" (Mt 6,33) Ich kann in der Meditation allein Gott suchen und vertrauen, dass alles Nötige dazu geschenkt wird.

Gottbezogenheit bedeutet deswegen auch: **Unabhängig von den Ergebnissen sein!** Wir schenken Gott die Zeit der Meditation „gratis". Was daraus wird, darf er allein entscheiden. Das wird deutlich im Test!

3. Die Reise beginnt

Am nächsten Morgen, bei Tagesgrauen, bestieg Raniero sein Pferd. Er trug die volle Rüstung, aber darüber hatte er einen groben Pilgermantel geworfen, damit das Eisenkleid von den Sonnenstrahlen nicht allzu sehr erhitzt werde. Er war mit einem Schwert und einer Streitaxt bewaffnet und ritt ein gutes Pferd. Ein brennendes Licht hielt er in der Hand, und am Sattel hatte er ein paar große Bündel langer Wachskerzen befestigt, damit die Flamme nicht aus Mangel an Nahrung sterbe.

Raniero ritt langsam durch die überfüllte Zeltstraße, und solange ging alles gut. Es war noch so früh, dass die Nebel, die aus dem tiefen Tälern rings um Jerusalem aufgestiegen waren, sich nicht zerstreut hatten, und Raniero ritt wie durch eine weiße Nacht. Das ganze Lager schlief, und Raniero kam leicht an den Wachtposten vorbei. Keiner von ihnen rief ihn an, denn durch den dichten Nebel konnten sie ihn nicht sehen. Raniero war bald aus dem Bereich des Lagers und schlug die Straße ein, die zur Küste führte. Er hatte nun einen besseren Weg, aber er ritt noch immer ganz langsam, der Lichtflamme wegen.

Weg in die Stille und in die Wüste Wer sich auf den Weg zu Gott macht, muss als erstes in die Stille gehen. Genau wie Raniero, der sich aus dem Lager, d. h. seiner menschlichen Umwelt ganz leise heraus begibt. Raniero geht in die Wüste, allein, unerkannt. Der Rückzug aus dem gewohnten Alltagstrott ist wesentlich für den spirituellen Weg. Mose hatte seine große Gotteserfahrung in der Wüste, Jesus ging in die Wüste, Paulus zog sich nach seiner Wende in die Wüste zurück, und ebenso viele andere spirituelle Menschen haben sich Zeiten des Rückzugs immer wieder „gegönnt". In der Wüste fällt das Unwesentliche weg und das Tragende erscheint. Da in der Wüste nicht viel „los" ist, kann unser Blick sich auf das richten, was immer da ist. Normalerweise lenkt uns ab, was kommt und wieder geht und was sich verändert. **In der Wüste zeigt sich das Tragende, was immer da ist:** die Gegenwart, die Stille, mein Körper, mein Atem, Ich bin da, der Raum, letztlich die Gegenwart Gottes.

4. Eine besondere Art der Umkehrung

Die Lichtflamme brannte schlecht - immer wieder kamen große Insekten. Mit der Weile ermüdete das Pferd bei dem langsamen Trott und setzte sich in Trab. Da begann die Lichtflamme in der Zugluft zu zucken. Raniero versuchte sie mit der Hand und dem Mantel zu schützen, beinahe wäre sie erloschen. Raniero hielt das Pferd an und begann nachzudenken. Schließlich sprang er aus dem Sattel und versuchte sich rücklings darauf zu setzen, so dass er die Flammen mit seinem Körper vor Wind und Zug schützte. So gelang es ihm, sie brennend zu erhalten, aber er merkte jetzt, dass die Reise sich beschwerlicher gestalten würde, als er anfangs geglaubt hatte.

Zuerst glauben wir, einen Weg zu gehen, um ein fernes Ziel zu erreichen, wenn wir uns auf den Weg zu Gott machen. Wir denken, wir müssten den Weg sehen, dann kämen wir gut ans Ziel. Aber nachdem wir in die Stille gekommen sind, müssen wir uns umwenden. Wir lassen die Kontrolle, das Planen, das Wissen, „die Zügel" los. Wir geben uns ganz in das Vertrauen auf Gottes Leitung; unsere einzige Sorge ist die Lichtflamme. (Lichtflamme steht für das, was wir bei der Meditation betrachten und Tür ist für die Gegenwart Gottes, z. B. der Name Jesus Christus.) Wenn wir meditieren und nur wahrnehmen - absichtslos, aufmerksam, akzeptierend -, dann haben wir die Kontrolle losgelassen: dann spüren wir keinen Leistungsdruck, weil wir nichts erreichen wollen und haben somit auch keine Sorgen.

Das Bild, wie Raniero rückwärts auf dem Pferd sitzt, zeigt unsere Situation in der Meditation: Ich weiß nicht und kann auch nicht beeinflussen, wie sich die Meditation entwickelt. Mal verläuft sie anstrengend, dann wieder bin ich ruhig und aufmerksam und kann in der Stille verweilen. Beim nächsten Mal kommen viele Gedanken. Natürlich kann ich, wenn ich merke, dass ich in Gedanken bin, wieder zur Wahrnehmung zurückkehren. Aber ansonsten sitze ich wie Raniero rückwärts auf dem Pferd und weiß nicht, wie die Meditation in den nächsten 10 Minuten verlaufen wird. Raniero ist in der „Wolke des Nichtwissens", allein der Blick auf die Lichtflamme führt ihn.

Indifferent gegenüber den Verlauf der Meditation Damit üben wir die Haltung Indifferenz ein: Wir sollen eine „gute" Meditation mit Ruhe und Stille nicht mehr verlangen als eine mit vielen Gedanken, eine Meditation ohne Sorgen nicht mehr als eine, in der wir durch Dunkelheiten und Schmerzen schreiten müssen. Denn wir wissen nicht, inwiefern gerade durch die schwierigen Meditationen Gott uns führen möchte und führen kann.

In der Meditation diene ich Gott mit meiner reinen Aufmerksamkeit, ohne Worte und Gesang und Handlungen, allein mit meinem Dasein und vertraue seiner Führung. Deswegen ist es so wichtig, am Anfang jeder Meditation die Absicht zu erneuern, Gott die Zeit zu schenken.

5. Loslassen

Am Nachmittag wurde Raniero in einer stillen Gegend von Räubern angefallen. Es waren etwa 12 Männer, sie sahen recht jämmerlich aus und ritten auf erbärmlichen Pferden. Raniero sah gleich, dass es ihm nicht schwer fallen konnte, sich einen Weg

durch die Schar zu bahnen und wegzureiten. Aber er begriff, dass dies sich nicht tun ließe, ohne dass er das Licht von sich werfe. Er sah daher keinen anderen Ausweg, als mit den Räubern eine Abmachung zu schließen. Er sagte, dass es ihnen, da er wohl bewaffnet sei und ein gutes Pferd reite, schwer fallen würde, ihn zu überwinden, wenn er sich verteidige. Aber da er durch ein Gelöbnis gebunden sei, wolle er keinen Widerstand leisten, sondern sie dürften ohne Kampf alles nehmen, was sie begehrten, wenn sie nur versprechen, sein Licht nicht auszulöschen. Die Räuber nahmen ihm Rüstung und Ross, Waffen und Geld ab. Sie ließen ihm den groben Mantel und die Kerzenbündel. Sie hielten auch ihr Versprechen, das Licht nicht zu löschen. Der Räuber, der das Pferd von Raniero genommen hatte, hatte Mitleid und übergab sein Pferd Raniero. Es war ein elendiges Pferd. Da dachte Raniero: ich muss wohl von dieser Lichtflamme verhext sein. Wegen ihr reite ich nun wie ein toller Bettler meinen Weg.

Standpunktverlagerung Unser Standbein sollen wir von der Welt auf Gott verlagern. Die Welt soll an die zweite Stelle kommen, ihren absoluten Charakter verlieren. Denn die Welt und ihre Formen sind vergänglich und nicht ewig. Der verlorene Sohn ist ein gutes Beispiel für diese Standpunktverlagerung: mit dem eigenen Elend total konfrontiert und mit nichts in den Händen geht er zum Vater, dann zeigt sich Gott in seiner ganzen Gnade! Wir sehen an diesem Beispiel auch, dass der Verlust der weltlichen Sicherheiten beim verlorenen Sohn den Weg zurück zum Vater frei macht. Irgendwann wird jeder Mensch mit Verlust konfrontiert und kann dann entscheiden, ob er das Leerwerden annimmt, denn:
Alle Menschen müssen den Weg der Leere gehen. Bei Entscheidungen müssen wir Alternativen loslassen, beim Verlust eines lieben Menschen spüren wir die Leere hautnah, eine schwere

Krankheit kann soviele angebliche Selbstverständlichkeiten und Sicherheiten beseitigen. In all diesen Situationen haben wir die Möglichkeit, uns wie der verlorene Sohn der eigenen Ohnmacht bewusst zu werden und uns umzuwenden, um zum Vater zurück zu kehren. Aber es gibt auch ein freiwilliges Leerwerden wie z. B. zuhören, sich versöhnen, für andere Menschen da sein.

Die Seligpreisungen zeigen uns:

Gott füllt die Leere. Jede Ohnmacht und Armut zieht die Gegenwart Gottes an, besonders wenn sie von uns ausgehalten wird. Das ist das Grundgesetz des Leerwerdens! Denn:

Die Seele ist ein gottförmiges Vakuum. Vakuum zieht alles Mögliche an. Deswegen ist auch unsere Seele mit allem Möglichen gefüllt - aber eben nicht adäquat gefüllt, wenn sie nicht mit Gott gefüllt ist. Denn sie ist „gottförmig". Akzeptieren wir ein Leerwerden, füllt Gott das Vakuum mit seiner Gegenwart. Wenn wir durch die Stille leerer werden, kommt - oft ohne dass wir es gleich merken - Gott selbst; seine Gegenwart füllt unsere Seele aus!

Jedoch zu diesem Orientierungsbild sollte man zwei Bemerkungen machen: 1. Gott ist eigentlich immer schon da. Aber durchs Leerwerden wird er erfahrbarer, er kann sich leichter offenbaren. 2. Leerwerden heißt ein Loslassen, dass die Welt mit ihren Dingen an erster Stelle steht. Wer sich auf Gott ausrichtet, kann alles in der Welt dankbarer, gelassener, freier annehmen, verwenden, genießen. Es geht nicht um ein entweder – oder. Entweder die Welt oder Gott. Sondern ein bestimmtes Und ist angestrebt: Gott und die Welt, weil Gott in der Welt ist und ihr Grund ist! Deswegen Gott zuerst und dann von ihm aus in der Welt leben.

In der Meditation machen wir uns auch leer. Wir lassen unsere Gedanken, Sorgen, Pläne usw. los und achten allein auf das, was ganz konkret da ist: die Hände, der Atem, lauschen auf den Klang des Namens, achten auf die Gegenwart, auf die Wahrnehmung, dass ich jetzt hier da bin, auf die Realität, auf Gott. Das bedeutet aber, dass ich für die Zeit der Meditation auf die Welt und ihr Getriebe verzichte und mit Hingabe mich nach innen richte, um Gott in mir zu suchen!

6. Anfechtung

Nach einer Weile ritt er an einem jungen Hirten vorbei, der vier Ziegen hütete. Dieser hatte wahrscheinlich früher eine größere Herde besessen, die ihm von den Kreuzfahrern gestohlen worden war. Als er nun einen einsamen Christen heranreiten sah, suchte er ihm alles Böse zu tun, was er nur konnte. Er stürzte auf ihn zu und schlug mit seinem Stab nach seinem Lichte. Raniero war von der Lichtflamme so gefesselt, dass er sich nicht einmal gegen einen Hirten verteidigen konnte. Er zog nur das Licht an sich, um es zu schützen. Nach paar Schlägen hörte der Hirte auf und blieb erstaunt stehen. Er sah, dass Ranieros Mantel in Brand geraten war, aber Raniero tat nichts, um das Feuer zu ersticken, solange die Lichtflamme in Gefahr war. Man sah es dem Hirten an, dass er sich schämte. Er folgte Raniero lange nach, und an einer Stelle, wo der Weg sehr schmal an zwei Abgründen vorüberging, kam er heran und führte sein Pferd. Raniero lächelte und dachte, dass der Hirte ihn sicherlich für einen heiligen Mann halte, der eine Bußübung vornehme.

Dunkelheiten melden sich Wenn wir im stillen Gebet immer mehr nach innen kommen, begegnen wir auch unseren dunklen Seiten, die wir normalerweise verdrängen. Ängste kommen hoch, Wut über vergangene Verletzungen, Gefühle von Traurigkeit. Oft spüren wir diese dunklen Seiten erst als Körperschmerzen, die irgendwo auf unerklärliche Weise auftauchen. Wie der Hirtenjunge Raniero schlagen will, so melden sich unsere verdrängten Seiten und Gefühle, weil wir sie immer unliebsam beiseite gedrängt haben. Der Hirtenjunge kann als symbolisches Bild für die dunklen Seiten Ranieros gesehen werden.

Raniero geht den richtigen Weg: auf die Lichtflamme schauen, das heißt sich auf Gott ausrichten. Ansonsten alles erleiden, was kommt. „Das tut zwar weh, aber es darf da sein." Dann werden die dunklen Seiten zu freundlichen Helfern oder sie verziehen sich, weil sie von Gott selbst geheilt und erlöst sind.

7. Wenn man sich gehen lässt...

Gegen Abend begannen Raniero Menschen entgegenzukommen. Es waren Pilger, Truppen und vor allem Kaufleute. Als diese Leute Raniero begegneten, der rücklings mit einem brennenden Licht in der Hand geritten kam, riefen sie: ein Toller, ein Toller! Raniero, der sich den ganzen Tag so gut im Zaum zu halten verstanden hatte, wurde durch diese sich stets wiederholende Rufe heftig gereizt. Mit einem Mal sprang er aus dem Sattel und begann mit seinen harten Fäusten die Rufenden zu züchtigen. Als die Leute merkten, wie schwer die Schläge waren, die da fielen, entstand eine allgemeine Flucht, und er stand bald allein auf dem Weg. Nun kam Raniero wieder zu sich selbst. „Wahrlich, sie hatten Recht, als sie dich einen Tollen nannten." sagte er, während er sich nach dem Licht umsah, denn er wusste nicht, was er damit angefangen hatte. Endlich sah er, dass es vom Weg in einen Graben gekollert war. Die Flamme war erloschen, aber er sah Feuer in einem trockenen Gras Büschel dicht daneben glimmen und begriff, dass das Glück ihn nicht verlassen hatte, denn das Licht musste das Gras in Brand gesetzt haben, bevor es erloschen war. Er zündete sein Licht wieder an und dachte, dass dies leicht ein trauriges Ende hätte werden können. Er fühlte sich recht gedemütigt. Es

kam ihm jetzt nicht sehr wahrscheinlich vor, dass seine Fahrt gelingen würde.

Wie Dunkelheiten sich melden Wie schaut das konkret in der Meditation aus? Ganz am Anfang haben wir wahrscheinlich viele Sorgen und Gedanken; dann kommt immer mehr Ruhe auf. Aber auf einmal kommen wieder mehr Gedanken, Sorgen und eventuell Körperschmerzen. Das ist ein Zeichen, dass sich das Unterbewusste, die Dunkelheiten melden. Oft kann es dann passieren, dass wir aus der Wahrnehmung aussteigen und uns ablenken lassen: wir fragen uns, ob wir richtig sitzen; oder wir planen den nächsten Tag, wir führen innerlich Streitgespräche mit einem Gegner, wir stellen uns Sinnfragen „warum meditiere ich jetzt überhaupt?", oder wir fangen an, uns die Zeit mit einem religiösen Lied zu füllen, anstatt die eigene Leere vor Gott auszuhalten.

Zurück kehren Wenn wir merken, dass wir uns abgelenkt haben, dann kehren wir einfach zu der Wahrnehmung der Hände, des Atems oder des Namens Jesus Christus zurück. Der Heilige Franz von Sales sagt sehr schön: „Wenn dein Herz wandert oder leidet, bring es behutsam zurück und versetze es sanft in die Gegenwart deines Herrn. Und selbst wenn du in deinem Leben nichts getan hast, außer dein Herz zurückzubringen und wieder in die Gegenwart unseres Gottes zu versetzen, obwohl es jedes Mal wieder fortlief, nachdem du es zurückgeholt hattest, dann hast du dein Leben wohl erfüllt."

Gefühle anschauen Wenn Gefühle aufkommen wie Wut, Ärger usw., dann ist es gut, diese Gefühle selbst kurz anzuschauen: „ja ich habe jetzt Ärger"; dadurch wird das Gefühl nicht verdrängt. Dann kann man wieder zur Wahrnehmung der Hände und des Namens zurückkehren.

Wenn viele Gedanken da sind, dann sind verdeckt Sorgen, ein starker Wille, eine Absicht oder ein starkes Gefühl da. Man kann sich dann fragen und schauen: „was ist unter den Gedanken?" Die Sorgen, den starken Willen oder das starke Gefühl kann ich dann anschauen, akzeptieren und wieder zur Ausrichtung zurückkommen. (Die drei As: aufmerksam absichtslos, akzeptierend anschauen.)

Wir haben hier eine Gratwanderung zu vollziehen: Zwischen Verdrängen und Veränndernwollen oder darüber Grübeln gibt es einen „Mittelweg", der aber völlig andere Qualität hat: Wahrnehmen, Erleiden, Vertrauen, Ausrichten.

8. Beistand

Gegen Abend kam Raniero nach Ramla und ritt dort zu einer Herberge. Es gab keine Stuben, sondern die Menschen schliefen neben den Tieren. Der Wirt war sehr gut zu Raniero und schaffte ihm Platz. Raniero führte das Pferd an den vorgesehenen Platz und setzte sich selbst auf ein Bund Stroh und behielt das Licht in den Händen. Es war seine Absicht, nicht zu schlafen, sondern die ganze Nacht wach zu bleiben. Doch in kurzer Zeit schlummerte Raniero ein. Er schlief bis zum Morgen. Als er erwachte, sah er weder die Lichtflamme noch die Kerze. Er suchte im Stroh danach, fand sie aber nirgends. „Jemand wird sie mir weg genommen und ausgelöscht haben", sagte er. Und er versuchte zu glauben, dass er sich freue, weil alles aus war und er ein unmögliches Vorhaben nicht zu verfolgen brauchte. Aber während er so dachte, empfand er zugleich eine innere Leere und Trauer. Es war ihm, als hätte er sich das Gelingen eines Vorsatzes nie sehnlicher gewünscht als eben diesmal. Als er fertig war, kam der Wirt mit einem brennenden Licht auf ihn zu. Er sagte: „Ich musste dir gestern dein Licht nehmen, als du einschliefst, aber hier hast du es wieder." Raniero ließ sich nichts anmerken, sondern sagte ganz gelassen: „Es war klug von dir, dass du es ausgelöscht hast." „Ich

habe es nicht ausgelöscht", sagte der Mann. „Ich sah, dass du es brennen hattest, als du kamst und ich glaubte, es sei von Gewicht für dich, dass es weiter brenne. Wenn du siehst, um wie viel es sich verringert hat, wirst du begreifen, dass es die ganze Nacht gebrannt hat." Raniero strahlte vor Freude. Er rühmte den Wirt sehr und ritt in bester Laune weiter.

Gnadengeschenk Manchmal unverhofft bekommen wir ein Gnadengeschenk wie Raniero. Zum Beispiel sind wir viel in Gedanken und auf einmal sind wir ganz aufmerksam in der Gegenwart und in der Wahrnehmung. Wir haben das Gefühl vielleicht, die Hände hätten uns zurückgeholt.
„So nimmt sich auch der Geist unserer Schwachheit an. Denn wir wissen nicht, worum wir in rechter Weise beten sollen; der Geist selber tritt jedoch für uns ein mit Seufzen, das wir nicht in Worte fassen können." (Röm 8,26) Der Heilige Geist selbst ist in uns und richtet uns auf Christus aus.
Sehnsucht Ein deutliches Zeichen für das Wirken des Hl. Geistes in uns ist die Sehnsucht. Wenn wir Sehnsucht nach Gott haben oder wenigstens die Sehnsucht nach dieser Sehnsucht, dann sind wir auf dem richtigen Weg. In dieser Sehnsucht ist Gott wirklich da!

9. Ein langer Weg

Es war eine lange Reise. Er zog die Küste Syriens entlang. Dann ging die Fahrt nach Westen, dann wieder nördlich hinauf nach Konstantinopel. Und von dort hatte er noch eine ansehnliche Strecke bis Florenz. Während dieser ganzen Zeit lebte Raniero von frommen Gaben. Meistens waren es die Pilger, die nun in Massen nach Jerusalem strömten, die ihr Brot mit ihm teilten. Obwohl Raniero fast immer allein ritt, waren seine Tage weder lang noch

langweilig. Er hatte ja allzeit die Lichtflamme zu hüten. Während Raniero einsame Wege ritt und nur daran dachte, die Lichtflamme am Leben zu erhalten, kam es ihm in den Sinn, dass er schon einmal zuvor etwas Ähnliches erlebt hatte. Er hatte schon einmal zuvor einen Menschen über etwas wachen sehen, was ebenso verletztlich war wie eine Lichtflamme. Beim Anblick einer Frau kam es ihm: seine Franziska hat ihre Liebe zu ihm so gehütet, wie er jetzt auf seine Lichtflamme achtete. Zum ersten Mal begann er zu verstehen, warum Franziska ihn verlassen hatte und dass er sie nicht durch Waffentaten wieder erobern konnte. Die Reise von Raniero wurde sehr langweilig. Und dies nicht zum wenigsten darum, weil er sie nicht fortsetzen konnte, wenn das Wetter ungünstig war. Dann saß er in der Karawanserei und bewachte die Lichtflamme. Das waren sehr harte Tage.

Gottesbegegnung und Selbsterkenntnis gehören zusammen. Sie sind zwei Seiten einer Medaille. Das sehen wir auch bei Raniero. Die Lichtflamme, Symbol für die Gegenwart Gottes in ihm, bringt ihn zu tieferer Erkenntnis!
Schauen heißt:
1. Ausgerichtet sein auf den Namen, auf die Hände, auf die Gegenwart, auf Gott
2. Leerwerden, loslassen
3. Vertrauen
4. Liebe: die reine Liebe, die nicht mehr etwas von anderen erwartet; diese Liebe ist ein Gnadengeschenk
5. Leiden: In der Meditation kommen wir zur Ruhe, sie führt uns in die dunkle Schale hinein, in die dunkle Schicht (unsere inneren Verletzungen). Alles, was da ist, darf da sein; aber wir beschäftigen uns nicht mit den Schmerzen, Spannungen und Gedanken, sondern wenden uns immer zu unserem Halt: Jesus Christus.

Die Tage waren für Raniero weder lang noch langweilig, weil er völlig in der Gegenwart war. Die Lichtflamme hielt ihn in der Gegenwart. Langeweile entsteht nur, wenn unser Verstand auf eine Zeitspanne schaut und sich fragt: Wie lang dauert es noch?! Wenn ich aber in der Gegenwart wirklich verweile und auf den Namen Jesus Christus lausche, dann kann ich spüren: Ich brauche nichts, alles ist da, ich habe keine Absichten. Ich bin, so wie ich bin - jenseits von Ansehen, Besitz, Ämtern usw. Oft sind diese Momente nur kurz und dann kommt das laute „Ich"-Kreisen wieder. Das wahre Wesen, das sich in der Stille zeigt, ist sehr leise und sanft gegenüber dem lauten Getöse des Egos. Aber es wirkt kraftvoll in der Stille!

10. Unwetter

Eines Tages kam Raniero in ein Unwetter. Er konnte gerade noch auf einer Felsspitze Zuflucht nehmen. Da begann der Schneesturm, der zwei Tage raste. Zugleich kam eine so furchtbare Kälte, dass er nahe daran war zu erfrieren. Raniero wusste, dass es draußen auf dem Berg genug Zweige gab, so dass es ein Leichtes für ihn gewesen wäre, Brennstoff zu einem Feuer zu sammeln. Allein er hielt die Lichtflamme, die er trug, sehr heilig und wollte mit ihr nichts anderes entzünden als die Lichter vor dem Altar der heiligen Jungfrau. Da plötzlich schlug ein Blitz ein auf dem Berg dicht vor dem Unterschlupf und entzündete einen Baum. Und so hatte Raniero eine Flamme, ohne dass er das heilige Feuer anzutasten brauchte.

Nicht die Gaben Gottes, sondern Gott selbst suchen Diese Geschichte verdeutlicht den wichtigen Grundsatz, dass wir nicht die Gaben Gottes sondern Gott selbst suchen sollen. Wir schauen in der Meditation nicht auf Christus, um von Dunkelheiten erlöst zu werden, um Ruhe, um geistliche Reifung usw. zu erreichen, sondern wir sind bereit, die Dunkelheiten zu erleiden, damit wir näher zu Christus kommen. „Euch aber muss es zuerst um das Reich Gottes und seine Gerechtigkeit gehen; dann wird euch alles andere dazugegeben." (Mt 6,33)

Es gibt drei Aspekte der Ausrichtung:

1. Die Absicht haben, sich auf Gott auszurichten. Diese erneuern wir am Anfang jeder Meditation mit einer Absichtserklärung, einem kurzen Gebet.

2. Aufmerksam in der Meditation sein, auf Hände, Atem, Namen, Gegenwart ausgerichtet sein. Mit der Zeit wird das intensiver.

3. Vertrauen. Wir wissen, dass uns nicht alles gelingen wird - sowohl in der Meditation als auch im Leben. Aber auf Gott ausgerichtet sein bedeutet auch, darauf zu vertrauen, dass Gott auch unsere Fehler, Schwächen und unser Unvermögen, unser Misslingen auf seine Weise positiv verwandelt.

11. Ein Apostel für Milde und Menschenliebe

Raniero war nach Italien gekommen und ritt durch das Gebirge. Da kam ihm eine Frau nach geeilt und bat ihn um Feuer von seinem Lichte. „Bei mir ist das Feuer erloschen, sagte sie, meine Kinder hungern. Leihe mir Feuer, damit ich meinen Ofen wärmen und ihnen Brot backen kann." Sie streckte die Hand nach dem Licht aus, aber Raniero entzog es ihr. Die Flamme sollte nur die Lichter vor dem Bild der heiligen Jungfrau entzünden. Da sagte die Frau zu ihm: „Gib mir Feuer, Pilger, denn meine Kinder Leben ist die Flamme, die brennend zu bewahren mir auferlegt ist!" Darauf gab Raniero ihr das Licht. Einige Stunden später ritt Raniero in ein Dorf. Es war sehr kalt. Ein junger Bauer stand am

Weg und sah den armen Mann. Rasch nahm er den kurzen Mantel ab, den er trug und warf ihn dem Reiter zu. Aber der Mantel fiel gerade auf das Licht und löschte die Flammen. Da erinnerte sich Raniero an die Frau, die Feuer von ihm geliehen hatte. Er kehrte zu ihr zurück und entzündete sein Licht wiederum mit heiligen Feuer. Als er weiter reiten wollte, sagte er zu ihr: „Du sagst die Lichtflamme, die du zu hüten hast, sei das Leben deiner Kinder. Kannst du mir sagen, welchen Namen die Lichtflamme trägt, die ich so weither bringe?" „Wo wurde deine Lichtflamme entzündet?" „Sie wurde am Christi Grab entzündet." „Dann kann sie wohl nicht anders heißen, als Milde und Menschenliebe", sagte sie. Raniero musste über die Antwort lachen.

Für sich selber möchte Raniero die Flamme nicht benutzen. Aber er hat richtig gehandelt, als er die Flamme der Mutter gab, weil diese Tat anderen, hilflosen Menschen half. Er ist inzwischen zu echtem Altruismus, tätiger Nächstenliebe fähig! An der Antwort der Mutter merkt er, dass er sich verwandelt hat, dass er nun eine andere Ausstrahlung besitzt:

Nach einigen Tagen kam er in die Nähe von Florenz. Er dachte daran, dass er nun bald von der Lichtflamme befreit sein würde. Er erinnerte sich an sein Zelt in Jerusalem, das er voll Kriegsbeute zurückgelassen hatte, und an die tapferen Krieger, die er noch in Palästina hatte und die sich freuen würden, wenn er das Kriegerhandwerk wieder aufnehme und sie zu Siegen führte. Da merkte Raniero, dass er keineswegs Freude empfand, wenn er daran dachte, sondern dass seine Gedanken lieber eine andere Richtung nahmen. Raniero sah zum ersten Male ein, dass er nicht mehr derselbe Mann war, als der er war, als er Jerusalem verlassen hatte. Dieser Ritt mit der Lichtflamme hatte ihn gezwungen, sich an allen zu erfreuen, die friedfertig und klug und

barmherzig waren, und die Wilden und Streitsüchtigen zu verabscheuen.

Die Früchte des kontemplativen Weges Die Geschichte von Raniero zeigt uns, dass der Weg in die Stille uns innerlich verändern kann, uns von den dunklen Seiten unserer Seele erlösen kann, ohne dass wir aktiv etwas dazu tun. Auch Raniero wurde durch die Gnade Gottes erlöst. Das einzige, was er gegeben hat, ist, dass er immer wieder seine ganze Hingabe der Lichtflamme geschenkt hat. Deswegen ist es auch für uns so wichtig, vor jeder Meditationszeit Gott zu sagen: Diese Zeit schenke ich Dir!
Richtiges Meditieren zeichnet sich durch Ausrichtung auf Gott und durch die Bereitschaft zum Leiden aus. Beides können wir an Raniero lernen.
Zur Bereitschaft zum Leiden sei noch erwähnt: Sie bedeutet nicht, alles zu erdulden. Wenn ein Lehrer Pausenaufsicht hat, muss er bei prügelnden Schülern eingreifen. Auf der äußeren Ebene haben wir zu handeln, wenn die Chance besteht, Ungerechtigkeiten zu beseitigen oder wenigstens anzuprangern. Aber wie geht der Lehrer innerlich mit den prügelnden Schülern um? Wird er sie in Zukunft abweisend behandeln, weil er Wut gegenüber ihnen empfindet? Die Schüler werden merken, ob er innerlich gelassen bleibt und sie weiter als Menschen würdigt. Es geht beim Annehmen und den Verzicht auf Widerstand immer erst um die innere Ebene. Das wirkt sich auch auf die äußere Ebene aus: Wer ohne Groll und ohne Wut etwas auf der äußeren Ebene beginnt zu verändern, hat mehr Erfolg als der, der mit innerer Ablehnung und innerer Verurteilung anderer Menschen etwas verändern will.
Verzeihen Bei weitem nicht alles, was Menschen erleiden, bewirkt Erlösung. Damit dunkle Seiten in uns bereinigt werden können, ist es wichtig, dass wir immer wieder verzeihen. Wenn

ein Mensch einem anderen nicht verzeihen will, blockiert er in sich den Fluss der Liebe, und dann passiert keine positive Wandlung. Dieser Mensch leidet und verbittert dabei.

Deswegen ist es wichtig, wenigstens unsere Absicht immer wieder zu erneuern, diesem oder jenem Menschen, der mich verletzt hat, zu verzeihen. Kommt in der Meditation der Groll gegen einen Menschen auf, der uns verletzt hat, schauen wir wie jedes andere Gefühl diesen Groll an und kehren zurück zur Ausrichtung.

Wir werden im letzten Abschnitt sehen, dass Raniero gegenüber Oddo, der bezweifelt, dass die Lichtflamme wirklich am Grab Christi entzündet sei, keinen Hass aufkommen lässt. Er kann den anderen annehmen, obwohl Oddo eine große Gefahr für ihn ist.

Jeder Mensch hat Gutes und Böses, Reifes und Unreifes in sich, in unterschiedlicher Verteilung. (Es gilt sogar: viele gute Eigenschaften können zum falschen Zeitpunkt zu sehr ausgelebt auch negative Folgen haben.) Wenn wir miteinander in Kontakt treten, dann beeinflussen wir uns gegenseitig mit beiden Seiten von uns. Verletzungen und Enttäuschungen sind zwangsläufig und normal. Deswegen ist Verzeihen not-wendig. Es liegt in unserer Freiheit zu sagen: Ich will versuchen, diesem Menschen zu verzeihen. Wir haben das Vermögen, mit der Absicht zu verzeihen. Die dunklen Gefühle können wir nicht aktiv verändern. In der Stille, im Gebet können wir durch die Gnade Gottes davon befreit werden. Dann erleben wir die Freiheit von unseren dunklen Gefühlen, die uns durch Gott geschenkt wurde.

Es gibt einige deutliche Merkmale dafür, ob das Verzeihen wirklich vollständig im Herzen vollzogen ist: Wenn ich ihn lassen kann, wie er ist, wenn ich ihn als Mensch ehren kann, wenn kein „Ja, aber..." mehr kommt, habe ich ihm vom ganzem Herzen vergeben.

12. In Florenz

Es war Ostern, als Raniero in Florenz einritt. Kaum war er durch das Stadttor gekommen, rücklings reitend, die Kapuze über das Gesicht gezogen und das brennende Licht in der Hand, als auch schon ein Bettler aufsprang und das gewohnte: „Ein Toller, ein Toller!" rief. Burschen aus der ganzen Straße kamen aus Ecken und Winkeln herbeigestürzt.

Es war Kirchenzeit, und viele Kirchenbesucher waren auf dem Wege zur Messe. Auch sie blieben stehen und lachten über den Spaß. Aber nun stand Raniero aufrecht im Sattel, um das Licht zu bergen. Er sah wild aus. Man sah sein Gesicht, das bleich und abgezehrt war wie das eines Märtyrers.

Raniero ritt nun an einem Haus vorbei, das einen Altan hatte. In diesem stand eine Frau. Sie beugte sich über das Geländer, riss das Licht an sich und eilte damit hinein. Das ganze Volk brach in schallendes Gelächter und Jubel aus, aber Raniero wankte im Sattel und stürzte auf die Straße. Aber wie er da ohnmächtig und geschlagen lag, wurde die Straße sogleich menschenleer. Sowie die Volksmenge sich von der Straße zurückgezogen hatte, kam Franziska mit einem brennenden Licht in der Hand aus ihrem Haus. Sie war noch schön, ihre Züge waren sanft, und ihre Augen ernst und tief.

Sie ging auf Raniero zu und beugte sich über ihn. Raniero lag bewusstlos, aber in dem Augenblick, in dem der Lichtschein auf sein Antlitz fiel, machte er eine Bewegung und fuhr auf. Es sah aus, als ob die Lichtflamme alle Macht über ihn hätte.

Raniero begann, sich langsam aufzurichten. „Wo willst du hin?" fragte sie, als er wieder im Sattel saß. „Ich will zu Domkirche", sagte er. „Dann will ich dich begleiten", sagte sie, „denn ich gehe zur Messe." Nach einer Weile hörte Raniero, wie jemand neben ihm weinte. Er sah sich um und merkte, dass es Franziska war, die

neben ihm ging und wie sie so ging, weinte sie. Aber Raniero sah sie nur einen Augenblick und sagte nichts zu ihr. Er wollte nur an die Lichtflamme denken.

Raniero ging allein in die Sakristei zu den Geistlichen. Franziska trat in die Kirche. Es war Karsamstagabend, und alle Lichter in der Kirche standen unentzündet auf ihren Altären, zum Zeichen der Trauer. Franziska deuchte es, dass auch bei ihr jede Flamme der Hoffnung, die einst in ihr gebrannt hatte, erloschen wäre.

Nach einer Weile merkte Franziska, dass unter den Geistlichen eine Bewegung entstand. Als die Messe zu Ende war, betrat ein Geistlicher den Chor und begann zum Volk zu sprechen. Er erzählte, dass Raniero mit heiligem Feuer aus Jerusalem nach Florenz gekommen war. Er erzählte, was der Ritter auf dem Weg geduldet und erlitten hatte. Und er pries ihn über alle Maßen. Die Menschen saßen staunend da und hörten dies. Franziska hatte nie eine so selige Stunde erlebt. „Oh, Gott", seufzte sie, „dies ist mehr Glück, als ich tragen kann." Ihre Tränen strömten, während sie lauschte. Als der Priester zu Ende gesprochen hatte, wurden die Haupttore der Domkirche weit geöffnet, und eine Prozession, so gut sie sich in aller Eile hatte ordnen können, zog herein. Zu allerletzt ging der Bischof und an seiner Seite Raniero in demselben Mantel, den er auf dem ganzen Wege getragen hatte.

Aber als Raniero über die Schwelle der Kirche trat, stand ein alter Mann auf und ging auf ihn zu. Es war Oddo, der Vater eines Gesellen, den Raniero in seiner Werkstatt gehabt hatte, und der sich um seinetwillen erhängt hatte. „Es ist eine große Sache für Florenz, dass Raniero mit heiligem Feuer von Jerusalem gekommen ist. Darum bitte ich, dass man das ganze Volk wissen lasse, welche Beweise und Zeugen Raniero dafür gebracht hat, dass dies wirklich Feuer ist, das in Jerusalem entzündet wurde."

Als Raniero diese Worte vernahm, sagte er: „Nun helfe mir Gott. Wie könnte ich Zeugen haben? Ich habe den Weg allein gemacht.

Wüsten und Wildnisse mögen kommen und für mich zeugen."

In der Kirche entstand ein großer Aufruhr. Einige sagten, dass Raniero die Lichter auf dem Altar nicht entzünden dürfe, ehe seine Sache bewiesen war. Zu diesen gesellten sich viele seiner alten Feinde.

Raniero begriff, dass sie, wenn es nun zum Kampfe käme, gleich versuchen würden, nach der Lichtflamme zu trachten. Während er die Blicke fest auf seine Widersacher geheftet hielt, hob er das Licht so hoch empor, als er nur konnte.

Er sah todmüde und verzweifelt aus. Man sah ihm an, dass er, wenn er auch so lange wie möglich aushalten wollte, doch nur eine Niederlage erwartete. Was frommte es ihm nun, wenn er die Flamme entzünden dürfte! Oddos Worte waren ein Todesstreich gewesen. Wenn der Zweifel einmal geweckt war, dann mußte er sich verbreiten und wachsen. Es deuchte ihn, dass Oddo schon die Lichtflamme für alle Zeit gelöscht hätte.

Ein kleines Vöglein flatterte durch die großen, geöffneten Tore in die Kirche. Es flog geradewegs auf Ranieros Licht zu. Dieser konnte es nicht so rasch zurückziehen, der Vogel stieß daran und löschte die Flamme.

Ranieros Arm sank herunter, und die Tränen traten ihm in die Augen. Aber im ersten Augenblick empfand er dies als eine Erleichterung. Es war besser, als dass Menschen sie getötet hätten. Das kleine Vöglein setzte seinen Flug in die Kirche fort, verwirrt hin und her flatternd, wie Vögel zu tun pflegen, wenn sie in einen geschlossenen Raum kommen. Da brauste mit einem Male durch die ganze Kirche der laute Ruf: „Der Vogel brennt! Die heilige Lichtflamme hat seine Flügel entzündet!" Der kleine Vogel piepste ängstlich. Er flog ein paar Augenblicke wie eine flatternde Flamme unter den hohen Wölbungen des Chors umher. Dann sank er rasch und fiel tot vor dem Altar der Madonna nieder.

Aber in demselben Augenblick, wo der Vogel auf den Altar

niederfiel, stand Raniero da. Er hatte sich einen Weg durch die Kirche gebahnt, nichts hatte ihn halten können. Und an den Flammen, die die Schwingen des Vogels verzehrten, entzündete er die Kerzen vor dem Altar der Heiligen Jungfrau.

Da erhob der Bischof seinen Stab und rief: „Gott wollte es! Gott hat für ihn gezeugt!"

Von Raniero ist noch zu berichten, dass er hinfort sein Lebtag großes Glück genoss und weise, behutsam und barmherzig war. Aber das Volk von Florenz nannte ihn immer Pazzo di Raniero, zur Erinnerung daran, dass man ihn für einen Tollen gehalten hatte. Und dies war ein Ehrentitel für ihn. Er gründete ein edles Geschlecht, und dieses nahm den Namen Pazzi an, und so nennt es sich noch heute.[3]

Wenn wir in Exerzitien bzw. Besinnungstagen waren und in den Alltag zurückkehren, dann stellt sich die Frage, wie die kontemplative Haltung im normalen Leben weiter gepflegt werden kann.

Das Wichtigste scheint mir, dass wir mehr merken, dass jeder Moment eine „Übungszeit" für die kontemplative Haltung sein kann: Ich kann in die Wahrnehmung und in die Gegenwart zurückkehren, wenn ich auf den Bus warte. Ich kann meinen Körper bewusst spüren, wenn ich unter der Dusche stehe. Ich kann bewusst kosten und schmecken, wenn ich zu Mittag esse. Ich kann aufmerksam zuhören, wenn mir jemand etwas erzählt. Ich kann meine inneren Regungen bewusst wahrnehmen: Meine Ungeduld oder mein Gefühl von Stress oder die aufkommende Wut über die Aussage eines Kollegen oder…

Eine tägliche Gebetszeit ist sehr wertvoll. Ohne regelmäßige Meditation kommt man normalerweise nicht auf dem

---

[3] Gekürzte Fassung der Legende von Selma Lagerlöf in Christuslegenden

kontemplativen Weg weiter. Aber ungünstig und irreführend ist es, wenn wir noch die Bereiche trennen: „Während der Meditationszeit übe ich Kontemplation und dann in der Arbeit muss ich mein Ding durchziehen." Wie der Sauerteig das ganze Mehl erfasst, so soll die kontemplative Haltung den ganzen Lebensstil prägen. (Erlösung geschieht nicht nur in der Meditation in der Kapelle. Manche Dunkelheiten kommen durch das Leben, durch die zwischenmenschlichen Ereignisse usw. schneller zum Vorschein. Annahme und Vergebung in unserem Lebensalltag schafft viel Erlösung. Meditation und Leben ergänzen sich im Erlösungsprozess. Wenn man das sich klar macht, dann wählt man auch realistische Ziele, wie oft man in der Woche meditieren will. Jemand, der arbeitet und Familie hat, schafft es normalerweise nicht, täglich zu meditieren. Aber wöchentlich eine Meditationsgruppe besuchen, das ist für sie/ihn ein realistisches Ziel.)

Ebenso wichtig ist es, dass wir uns nicht mit hochstehenden Vorstellungen frustrieren. Wenn wir enttäuscht sind, weil wir merken, dass wir die ganze letzte Woche kein einziges Mal meditiert haben, so oft in Gedanken waren und dass wir so wenig in der kontemplativen Haltung waren, dann sind wir in unseren gedanklichen Konzepten und beurteilen und verurteilen uns selbst. Da hilft nur, barmherzig über sich zu schmunzeln und zurück in die Gegenwart zu kommen. Denn es gibt nicht die letzte Woche, in der ich Kontemplation üben kann. Es gibt immer nur den jetzigen Augenblick, in dem ich präsent sein kann. Und es gibt zu jeder Zeit genau eine Möglichkeit umzukehren: der jetzige Moment!

Predigt zum Anfangsgebet für die Meditation

Wenn wir das Jesusgebet beginnen, wenn wir uns zur Meditation hinsetzen, ist es wertvoll, sich neu auszurichten, bewusst zu beginnen, die passende innere Haltung einzunehmen. Ich habe für mich selber ein Gebet geschrieben, um mich am Anfang jeder Meditation selbst vorzubereiten. Ich habe versucht, alle wichtigen Aspekte des kontemplativen Weges in diesem Gebet anzusprechen.

Du, unser Herr, Jesus Christus.
Ich will mehr und mehr in deine Nachfolge kommen.
Ich vertraue auf deine große Liebe und Kraft.
Ich vertraue darauf, dass du da bist, jetzt und hier und immer.
Ich will auf dich schauen; denn du bist gegenwärtig in der Natur, im Hier-Dasein, in deinem Namen.
Alles will ich dir geben: Meine Sorgen, meine Gedanken, meinen Willen, meine dunklen Seiten, meine Schmerzen.
Ich will bereit sein, das zu erleiden, was eben das Leben und das Heute mir aufträgt zu tragen.
Ich darf bei dir so sein, wie ich bin.
In Hingabe lobe ich dich und bin ganz für dich da.
Denn dein ist das Reich und die Kraft und die Herrlichkeit in Ewigkeit. Amen.
Ich möchte dir diese Zeit des Gebetes schenken!

1. Du, unser Herr, Jesus Christus.

Ich rede Jesus Christus direkt an!
Die stille christliche Meditation ist keine Technik, keine Methode. Sie ist Ausrichtung auf Jesus Christus. Ich pflege in der stillen Meditation meine Beziehung zu Jesus Christus.
Wenn ich mich mit einem guten Freund oder mit meinem Partner treffe, dann wende ich keine Technik oder Methode an, sondern ich begegne einem lieben Menschen. Ich pflege Dialog mit ihm. Ich öffne mich, er/sie öffnet sich, Dialog entsteht, ich zeige mich und öffne mich dem Du!
So ist es erst Recht mit der stillen Meditation: Sie ist Begegnung mit Jesus Christus. Sie ist auf Jesus schauen. Mit dem Satz „Du, unser Herr, Jesus Christus" beginne ich meinen Blickkontakt mit ihm. Ich schaue auf ihn, unseren Herrn.

2. Ich will mehr und mehr in deine Nachfolge kommen.

In diesem Satz drücke ich mein Ziel aus! Meine Sehnsucht für mich und mein ganzes Leben ist genau das: Ich will mehr und mehr in deine Nachfolge kommen.

Genau dazu lädt Jesus uns alle ein: Folge mir nach! Ich möchte Dein Leben mehr und mehr prägen!

In der Nachfolge erhoffe ich mir wahren Lebenssinn, echte Freiheit, echte Selbstverwirklichung, wahre Erfüllung und Ausrichtung auf Gott. Und ich gebe mich selbst aus meiner Hand. Ich begebe mich in Christi Hand, er soll mich führen.

3. Ich vertraue auf deine große Liebe und Kraft.

Ich kann nicht allein aus eigener Kraft in Jesu Nachfolge gehen. Ich allein kann nichts. Deswegen vertraue ich auf die Liebe und Kraft Gottes.

Natürlich muss ich mich z. B. hinsetzen und die Meditation beginnen. Das muss *ich* tun. Aber ich kann keine „ideale" Meditation herstellen. Immer wieder versuchen Meditierende verzweifelt, die angeblich ideale Meditation zu erreichen. Z. B. meinen sie, sie müssten 30 Minuten ohne Gedanken sein, dann hätten sie die ideale Meditation geschafft. Diese Einstellung ist genauso falsch, wie wenn man die ideale Party, das ideale Gespräch, die ideale Begegnung erreichen will. Man verpasst die Wirklichkeit, weil man sich anstrengt, sein Ideal zu erreichen.

Nein: wenn ich zu meditieren beginne, darf ich mich in Gottes Liebe und Kraft werfen. Ich darf mich führen lassen.

Es gilt Ignatius Grundsatz: „Vertraue so auf Gott, dass du dabei nie auf das (von ebendiesem Vertrauen wesentlich geforderte) Mittun vergisst; und dennoch: Tu so mit, dass eben dieses Mitarbeiten erfüllt bleibe vom Wissen um die alleinige Gewalt Gottes." Ich setze mich zum Meditieren hin. Ich beginne mit einem Gebet, um mich auszurichten. Ich versuche, immer wieder zurück zu kehren in die Gegenwart und zum Namen. Aber all das ist erfüllt von der Gnade Gottes. Ich vertraue letztlich auf Gottes Kraft und Liebe.

4. Ich vertraue darauf, dass du da bist, jetzt und hier und immer.

Denn in Gott leben wir, bewegen wir uns und sind wir.
Alles ist erfüllt von der Gegenwart Gottes.
Von Gott aus gesehen ist Gott überall gleichermaßen gegenwärtig.
Somit kann ich vertrauen, dass Gott jetzt da ist.
Und gleichzeitig gilt: Wenn ich mich auf die Gegenwart ausrichte, richte ich mich auf die Gegenwart Gottes aus. Meine Gedanken, Sorgen usw. führen mich weg von der Gegenwart, in die Zukunft oder die Vergangenheit. Die Stille, die Präsenz, das bewusste Hier-Dasein richtet mich auf Gottes Gegenwart aus.
Gott ist Jahwe: Ich bin, der ich bin da. Wenn ich mich auf die Gegenwart ausrichte, richte ich mich auf Jahwe aus!

5. Ich will auf dich schauen; denn du bist gegenwärtig in der Natur, im Hier-Dasein, in deinem Namen.

Was sind Türen, die mir die immerwährende Gegenwart Gottes offenbaren? Es gibt viele Türen, letztlich kann alles Tür zur Gegenwart Gottes sein. Aber drei sind besonders wichtig für die Meditation:

1. Die Natur: sie lädt mich zum Staunen ein, mein Denken beruhigt sich in der Natur, ich komme in die Stille.

2. Hier-Dasein: Ich bin jetzt hier da! Ich spüre meinen Körper, ich nehme meinen Atem wahr. Ich merke einen Unterschied zwischen „in Gedanken sein" und „Hier-Jetzt-Dasein" bzw. „in der Gegenwart verweilen". Das Hier-Dasein ist das wahre Leben. Das wahre Leben ist immer Jetzt! Es fühlt sich lebendig an. Die Gedankenwelt dagegen ist irgendwie grauer.

3. Der Name „Jesus Christus": Der Name ist die Tür zur Person Jesu Christi. Wer den Namen spricht, richtet sich auf ihn aus. Ein östlicher Theologe sagte: „Im Namen ist das ganze Evangelium enthalten!" Erst fragt man sich, wie soll das gehen? Aber das Evangelium ist in seinem Wesen ja nicht eine Ansammlung von Texten sondern die freudige Botschaft, aus Gott leben zu können, mit all seinen Facetten. Wer den Namen meditiert, richtet sich auf Jesus Christus, den gegenwärtigen Auferstandenen aus. In ihm ist das Reich Gottes. Er offenbart und bewirkt das Reich Gottes in meinem Leben. Er ist die Präsenz Gottes im Hier und Jetzt. Und weil der Name die Tür zu Jesus Christus ist, ist im Namen das ganze Evangelium enthalten.

6. Alles will ich dir geben: Meine Sorgen, meine Gedanken, meinen Willen, meine dunklen Seiten, meine Schmerzen.

Immer wieder verheddern wir uns in unseren Problemen, Grübeleien, Sorgen, sind unzufrieden, leiden, sind hin und her gerissen. In der Meditation dürfen wir das Jesus geben. Es muss sich nichts verbessern, es muss nichts gelöst werden. Ich lege es einfach zu Jesus. Im Alltag befinde ich mich in meinem Geschichtennetz: Ich denke an den Termin morgen, ärgere mich über ein Telefonat, sorge mich um einen Verwandten, der ins Krankenhaus kam usw. Das nenne ich: Mein Geschichtennetz. Wenn ich das Jesus zu Füßen lege, steige ich aus dem Geschichtennetz aus und komme in die Gegenwart, in die Gegenwart Jesu Christi. Salopp gesagt: Er kümmert sich eine halbe Stunde um mein Geschichtennetz und ich eine halbe Stunde um ihn! „Euch aber muss es zuerst um das Reich Gottes und seine Gerechtigkeit gehen; dann wird euch alles andere dazugegeben." (Mt 6,33)

7. Ich will bereit sein, das zu erleiden, was eben das Leben und das Heute mir aufträgt zu tragen.

Es gibt zwei Dinge, die wir beim Meditieren beachten sollten: Ausrichtung und Leidensbereitschaft.

„Ich will bereit sein, das zu erleiden, was eben das Leben und das Heute mir aufträgt zu tragen." Dieser Satz soll unsere Leidensbereitschaft auffrischen. Ich muss nichts zusätzlich erleiden. Es reicht das anzunehmen, was das Leben und das Heute mir bereitet. Das ist das Kreuz, das ich tragen soll:

Was ist jetzt gerade schwer, unangenehm, schmerzhaft? –

Kann ich es da sein lassen? Kann ich es akzeptierend, aufmerksam, absichtslos anschauen?

8. Ich darf bei dir so sein, wie ich bin.

Exerzitienteilnehmer haben zu mir gesagt: Das ist für sie der wichtigste Satz in diesem Gebet.

Ich muss nichts an mir ändern, ich muss nichts erreichen, ich werde bei Jesus so angenommen, wie ich bin.

Das ist so konträr zum üblichen Denken, dass wir uns diesen Satz immer wieder sagen müssen. Wir haben in uns selbst oft einen inneren Richter, der sagt: Da könntest Du Dich mehr anstrengen! Reiß Dich zusammen! Ändere Dich! Usw. Unser Alltag ist geprägt davon, dass wir oder andere etwas verändern wollen oder müssen. In der Meditation, im Bei-Jesus-Dasein darf ich so sein, wie ich bin! Ja, das Joch Jesu ist leicht!

9. In Hingabe lobe ich dich und bin ganz für dich da.

Es ist so wichtig, dass wir nicht meditieren, um etwas zu erreichen, sondern weil wir Gott selbst suchen. Gott loben, Gott dienen, sich Gott hingeben – das ist das Gegenteil von Egozentrik, von Machtsucht, Habsucht, Ehrsucht.

Oft gebe ich und dann hoffe ich auch irgendwie, dass ich etwas bekomme. Hier jedoch versuche ich:

Einfach Gott loben und dienen, aus Dankbarkeit, aus Hingabe, einfach weil ich zu Gott will, ohne etwas von ihm zu erwarten.

Ich suche Gott selbst, nicht seine Gaben. (Wenn er Gaben mir schenkt, bin ich dankbar. Aber ich meditiere nicht mit dem Ziel, diese oder jene Gabe zu bekommen.) Gott selbst ist ja genug!

10. Ich möchte dir diese Zeit des Gebetes schenken!

Wer das Zeit-Schenken vergisst, der verfällt gerne in die Haltung, dass er insgeheim etwas erreichen will, dass er für sich meditiert. Dann kann das Meditieren sehr mühsam werden.

Viele Zen-Meditierende verspüren einen paradoxen Stress: Sie wünschen sich Erleuchtung und gleichzeitig wird ihnen immer gesagt: Du sollst absichtslos sein, sonst erreichst Du nie die Erleuchtung. Die christliche Meditation empfiehlt einen einfachen Ausweg aus dieser Zwickmühle:

Schenke die Zeit Gott! – Dann merkst Du in der Meditation:

Ich darf vor Gott so sein, wie ich bin, mit meinen Ablenkungen, meinen Schmerzen und meiner Sehnsucht. Ich schenke mich Gott in dieser Zeit und vertraue auf ihn, dass er mich führt, heilt, liebt! Wenn ich die Zeit ihm schenke, muss ich nichts für mich erreichen! Das schafft große Erleichterung!

Die sieben Worte Jesu am Kreuz für das kontemplative Gebet

1. Vater, in Deine Hände lege ich meinen Geist

Diesen Satz kann ich vor der Meditation beten:
Vater, in Deine Hände lege ich meinen Geist.
Ich vertraue, dass Du mich führst in dieser Meditation.
Ich will mich auf Dich ausrichten, auf Dich schauen, indem ich den Namen Deines Sohnes spreche und in die Gegenwart spüre.
Der Geist, das sind meine Gedanken, meine Gefühle, meine Dunkelheiten, mein Wille. All das will ich bewusst in Deine Hände legen. Eigentlich sind sie immer schon in Deinen Händen. Aber mit diesem Satz mache ich mir das wieder bewusst. Ich muss es nicht selber schaffen. Ich darf auf Dich vertrauen.
Ich kann nicht wissen, wie die Meditation verläuft. Mit dem Satz sage ich auch: Vater, die Zeit gebe ich Dir und ich lass mich führen.

2. Vergib ihnen. Denn sie wissen nicht, was sie tun

Beim Vaterunser ist der Satz „wie auch wir vergeben unseren Schuldigern" das Einzige, was wir aktiv tun sollen: dem anderen vergeben.

Das Verzeihen fällt uns manchmal sehr schwer. Das weiß auch Jesus. Er machte sich klar: Denn sie wissen nicht, was sie tun. Ja das kann auch uns helfen beim Vergeben. (Zum Beispiel: Er oder sie versteht gar nicht so richtig, was er mit dieser Bemerkung angestellt hat.)

So kann mit der Zeit ein Nachvollziehen geschehen, ein Verstehen. (Z. B. die eigenen Eltern verstehen, dass es ihnen mit ihrer eigenen Geschichte schwer fiel, anders, besser ihre Liebe zu zeigen.) Aus ihrer Geschichte und aus ihrem Kontext kann ich nun besser verstehen, warum sie sich selbst manchmal im Wege standen. Denn sie wissen nicht, was sie tun.

Das soll nicht dazu führen, leichtfertig meinen Schmerz zu überspielen. Das verdeutlicht der nächste Satz Jesu.

3. Mich durstet

Alles Menschliche darf da sein: Meine Bedürfnisse, mein Körper, meine Gefühle, meine Sehnsüchte.
Der Satz steht gegen eine leibfeindliche Spiritualität. In der Meditation bin ich hellwach in meinem Körper. Er ist Ort der Begegnung mit Gott. Ich nehme meinen Atem wahr. Er ist Sakrament des Atem Gottes
Der Satz steht auch gegen ein Überspielen der eigenen Bedürfnisse. Ich darf Durst haben. Ich darf meine Bedürfnisse sehen, spüren, aussprechen, ins Spiel bringen. Nicht alle Bedürfnisse müssen gleich erfüllt werden. Oft reicht es, wenn sie gesehen und gewürdigt werden. Dann kann man sie auch gut zurückstellen, wenn das in der Situation sinnvoll für mich ist.
Der Satz steht auch gegen ein Wegschieben oder Nichtzulassen von Gefühlen. Alles darf da sein. Ich brauche nichts verdrängen. Ich brauche mich aber auch nicht in jedes Gefühl hineinsetzen. Wenn ich vor der Achterbahn meiner Gefühle stehe und alles anschaue, dann lasse ich alles da sein. D. h. ich setze mich nicht in die Waggons hinein und lasse mich mitreißen. Die Gefühle sind in mir aber ich bin nicht dieses Gefühl. Damit vermeide ich auch verdrängen oder abspalten.
Der Satz steht auch für meine tiefe Sehnsucht nach Gott. Ich dürste nach Gott. Ich lechze nach ihm. Die Sehnsucht nach Gott ist die wichtigste Gabe des Heiligen Geistes. In der Sehnsucht nach Gott ist Gott wirklich da!

4. Siehe Dein Sohn, siehe Deine Mutter

Bei der Meditation sind die zwischenmenschlichen Beziehungen nicht ausgeklammert. Ganz im Gegenteil. Ich sitze vor Gott immer als Beziehungswesen. Ich bin Person vor Gott nur in meiner Vernetztheit mit meinen Mitmenschen.

Kann ich enge Bezugspersonen, wie meine Mutter, meinen Vater, meinen Partner, meine Kinder neben mich während der Meditation (quasi imaginär) sitzen und da sein lassen? Das kann man ab und zu mal bei der Meditation ausprobieren.

Trauer, Ohnmacht, Wut usw. aus solchen Beziehungen dürfen da sein. Auch uralte Geschichten dürfen hoch kommen. Ich schaue alles an. Umso mehr ich auf Jesus Christus ausgerichtet bin, umso mehr kann ich das da sein lassen und umso mehr kann auch Dankbarkeit für meine Mitmenschen wachsen.

5. Noch heute wirst du mit mir im Paradies sein

Es gibt einen Streit unter Theologen: Kommt die Seele gleich nach dem Tod in den Himmel oder erst am Ende der Zeiten? Das ist irgendwie eine seltsame Diskussion: Denn die Ewigkeit ist doch nicht verlängerte Zeit sondern ewiges Jetzt.

In der Meditation ahnen wir manchmal: Jetzt ist alles da, der Name führt mich zu Christus und da ist die Fülle, Leben, Jetzt, Gegenwart, Beziehung. Mehr gibt es eigentlich nie. Die Gegenwart berührt die Ewigkeit. Das ahnen wir immer wieder einmal beim Meditieren.

Ein Teilnehmer bei Exerzitien, der viele Zen-Meditationskurse mitgemacht hatte, sagte: In diesem Kurs erahnte ich langsam, dass ich nicht Jahre viel meditieren muss, um irgendwann die Gegenwart zu entdecken. Sondern dass die Gegenwart immer jetzt und hier da ist und ich sie – manchmal auch nur ganz wenig – erspüren, genießen und wahrnehmen kann.

Ja, den geistlichen Weg sollte man nicht in der Haltung begehen, dass man auf einem Berggipfel steigt und der Ansicht verfällt, nur die Aussicht auf dem Gipfel sei schön. Auf jeden Höhenmeter lässt sich Wertvolles entdecken. Ansonsten läuft man blind den Berg hoch; - und auf dem Gipfel ist man nicht fähig, die Schönheit zu bewundern, weil man sie vorher auch nie entdeckt hat.

6. Mein Gott, warum hast du mich verlassen

Jesus erlebte die totale Gottesfinsternis und trotzdem hielt er Kontakt zum Vater und redete den Vater an. Er blieb in der Ausrichtung.

Gleichzeitig zeigt dieser Gebetssatz: Jesus Christus ist solidarisch mit allen Leidenden, Verzweifelten, in Gottesfinsternis Versunkenen.

Der Satz lädt uns ein, dass wir in den schwersten Zeiten der Meditation Jesus uns als Vorbild und Kraftquelle nehmen: Mit ihm kann ich mich auf Gott ausrichten – auch wenn die Dunkelheit immens ist, auch wenn ich nichts spüre.

Dann kommt vielleicht immer wieder eine Ahnung: wie in einem Hurrikan gibt es rundherum wilden Sturm, aber in der Mitte ist der Name. In ihm ist Stille und Halt.

Der Satz lädt mich ein, all meine Zweifel und Dunkelheiten Gott hinzuwerfen.

In dieser Ohnmacht darf ich Paulus´ Wort vertrauen: „So nimmt sich auch der Geist unserer Schwachheit an. Denn wir wissen nicht, worum wir in rechter Weise beten sollen; der Geist selber tritt jedoch für uns ein mit Seufzen, das wir nicht in Worte fassen können." (Röm 8,26)

7. Es ist vollbracht!

Das kann mein Gebet am Ende der Meditation sein.
Teresa von Avila meinte: Wir zahlen ein – er macht die Bilanz!
So ist es mit der Meditation: Ich schenke Gott die Zeit. Dann ist es vollbracht. Ich vertraue voll darauf, dass Gott was daraus macht. Auch wenn die Meditation „verkorkst" war!
Nach der Meditation können wir sagen: Ich habe Dir die Zeit geschenkt! Mach damit, was Du willst – Du machst es gut!
Es ist vollbracht!

Sammlung von Orientierungsbildern für die Kontemplation

Wenn wir meditieren, wenn wir das kontemplative Gebet pflegen, ist es wertvoll, einige „Orientierungsbilder" zu haben, um immer wieder neu sich in die richtige Haltung zu begeben.

„Orientierungsbilder" helfen uns, nicht in Sackgassen zu geraten oder in Straßengräber abzurutschen.

Franz Jalics hat in seinem Buch „Kontemplative Exerzitien" sehr wichtige Orientierungsbilder vorgestellt. Viele von diesen greifen biblische Bilder, Geschichten oder Texte auf. Z. B.

- Ausrichtung, erläutert an dem Gang von Petrus über das Wasser.
- Vertrauen auf Gottes Kraft, erläutert am Weinstock und Rebzweige

Jalics hat aber auch eigene Erlebnisse oder auch Geschichten von Heilige als Orientierungsbilder anzubieten. Z. B.

- Er überwand seine Glaubenskrise durch aufmerksames Zuhören seiner Mitmenschen. Diese Geschichte erläutert den Zusammenhang zwischen Gottes- und Nächstenliebe.
- Franziskus im Gespräch mit traurigen Bruder Leo, der meint, er könne nicht rein werden. Dieser Dialog erläutert die Einsicht: Reinheit und Heiligkeit bekommen wir geschenkt.

Ich will hier einige „Orientierungsbilder" vorstellen, die mir sehr geholfen habe und die ich regelmäßig in kontemplativen Exerzitien Teilnehmenden erzähle.

1. Wellen am Strand: Atem wahrnehmen

Immer wieder haben Exerzitienteilnehmende Schwierigkeiten mit der Betrachtung des Atems. Sie bemerken, dass es ihnen schwer fällt, dem Atem einfach – ohne einzugreifen – zuzuschauen. Sie sind noch zu sehr gewöhnt, aktiv zu sein, einzugreifen, den Verlauf zu kontrollieren usw.

Folgendes Orientierungsbild kann hilfreich sein:
Stell Dir vor: Du sitzt am Meer und schaust den Wellen zu.
Sie kommen und gehen.
Immer wieder fließt eine Welle zu Dir hin und zieht sich zurück.
Du machst nichts. Du kannst gar nichts machen. Du kannst ja nicht das Meer rhythmisch in Wallung bringen. Du kannst nur zuschauen.
Genauso mache es mit Deinem Atem. Sie sind wie Wellen.
Der Atem dringt ein und geht wieder.
Du kannst dem Atem zuschauen, wie den Wellen am Strand.

2. Auf die Metaebene gehen

Sie haben z. B. einen Husten, einen hartnäckigen Hustenreiz. Sie ärgern sich über den Hustenreiz. Jedoch was soll man beim Meditieren machen?! Annehmen. Also versuchen Sie, den Hustenreiz anzunehmen. Aber das fällt Ihnen schwer. Sie werden wütend über den Husten und dass Sie es nicht schaffen, den Hustenreiz anzunehmen. Gedanken kommen: Was soll das ganze Meditieren mit so einem Hustenreiz Nütze sein? Die Wut wächst!

Folgendes Orientierungsbild kann hilfreich sein:
Es gibt eine Ebene und eine Metaebene. In unserem Beispiel ist der Hustenreiz die Ebene, die Wut über den Hustenreiz die Metaebene. Wir kommen aus der oben dargestellten Sackgasse heraus, wenn wir das Annehmen nicht nur auf die Ebene sondern auch auf die Metaebene beziehen.
Es reicht nicht zu versuchen, den Hustenreiz anzunehmen. Gerade wenn der Husten hartnäckig ist. Dann ist es wichtig, auch die Metaebene bewusst anzuschauen und auch diese anzunehmen. Ich spüre die Wut – und die darf auch da sein. Wie spüre ich sie?
Denn: Wenn ich nur versuche, die Ebene anzunehmen, verbiete bzw. unterdrücke ich die Wut auf der Metaebene. Das bringt mich aber nicht weiter. Deswegen müssen wir auch bewusst die Metaebene anschauen und die Gefühle auf dieser Ebene annehmen. (Diese Gefühle sind meine Reaktionen auf die Geschehnisse der Ebene. Z. B. der Wut über den Husten.)

3. Mit Jesus auf dem Sofa Rotwein trinken

Immer wieder versuchen Meditierende, „richtig" zu meditieren. Sie tendieren dann dazu, sich zu verkrampfen. Sie haben ein Bild im Kopf, wie eine „gute" Meditation ausschaut. Und sind enttäuscht, wenn ihre Meditation mit vielen Ablenkungen und unruhig verlief.

Franz Jalics hat dagegen mehrere Merkregel aufgestellt:

Sucht Gott selbst, nicht seine Gaben! Ähnlich wie Jesus: „Euch aber muss es zuerst um das Reich Gottes und seine Gerechtigkeit gehen; dann wird euch alles andere dazugeben." (Mt 6,33) Oder: Schenke diese Meditationszeit Gott. Dann machst Du Dich unabhängig von den Ergebnissen!

Damit wird auch klar: Das Jesusgebet ist keine Technik, um irgendetwas zu erreichen, sondern das Jesusgebet ist „eine Praxis", um die Freundschaft mit Jesus zu pflegen. Es ist sehr wichtig, dass dieser Unterschied in der Tiefe verstanden wird!

Folgendes Orientierungsbild kann hilfreich sein:

Stell Dir vor, Du sitzt mit Jesus auf dem Sofa und ihr trinkt Rotwein zusammen! – das ist eigentlich das Jesusgebet.

Dieses Orientierungsbild entspannt. Wenn ich mit einem Freund auf dem Sofa sitze und mit ihm quatsche und Rotwein trinke, dann bin ich entspannt, ich will nichts Spezifisches erreichen, ich genieße unsere Freundschaft, das Zusammensein, ich verhalte mich ungezwungen, ich schaue den Freund an und spüre die Verbindung. – Wie verändert sich meine Meditation, wenn ich mein Jesusgebet als Zeit sehe, mit Jesus auf dem Sofa zu sitzen, mit ihm zu plaudern und Rotwein zu trinken?!

4. Das Netz der Geschichten verlassen

In der Gegenwart sein heißt auch, aus dem Geschichtennetz aussteigen: Wir sind durch unsere Gedanken verstrickt in ein riesiges Geschichtennetz. Der Streit mit X, die Erlebnisse von Y, die Pläne für Z usw. Wenn ich ohne Gedanken in der Gegenwart verweile, verlasse ich das große Geschichtennetz meines Verstandes bzw. meines Egos. Eine wohltuende Leere und Stille breitet sich aus. Ich merke, dass ich dann in der richtigen Realität bin und dass meine Gedanken und mein Geschichtennetz nicht die Realität sind.

Geschichtennetze können eine große Last sein. Es ist möglich, sich seine Vergangenheit neu zu erzählen, damit das alte Geschichtennetz nicht mehr so stark belastet. Das ist eine aktive Möglichkeit: Das Geschichtennetz „umbauen" durch „umdeuten", „neu erzählen". Viele Therapien helfen, das Geschichtennetz sinnvoller umzubauen.

Aber man kann auch einfach aus dem Geschichtennetz aussteigen und die Realität selbst wahrnehmen: Was nehme ich jetzt wahr? Das ist der kontemplative Weg: der Ausstieg aus dem Geschichtennetz, der sehr heilend ist.

Folgendes Orientierungsbild kann hilfreich sein:
Ein großes Geschichtennetz – das ist meine Gedankenwelt. Darunter ist der Boden: Die Realität hier und jetzt. Aus dem Geschichtennetz aussteigen heißt gleichzeitig bewusst meine Füße auf den Boden der Realität stellen. Die Hände vom Geschichtennetz loslassen – wenigstens für die Zeit des Gebetes. Wenn ich regelmäßig das Geschichtennetz mit Meditation verlasse, werde ich gelassener und geerdeter.

5. Vor der Achterbahn stehen statt mitfahren

In der Meditation können wilde Gefühle auftauchen: Unruhe, Wut, Frust, Traurigkeit, Hass, Verzweiflung. Ich kann in diese Gefühle einsteigen und mich mit Streitgesprächen mit dem blöden Chef in meine Wut noch mehr hinein steigern!

Ich kann streng zu mir sein: Wut hat nichts mit Meditation zu tun! Ich darf bzw. will diese Wut nicht haben.

Ich kann auch mich in andere intellektuelle Gedanken stürzen, um die Wut nicht zu spüren.

Aber alle drei Reaktionen führen mich nicht aus meiner Achterbahn von Gefühlen und Grübeleien heraus. Hin zur Wut, Gegen die Wut, weg von der Wut – alle drei Bewegungen geben den Wagons der Achterbahn neue Energie und ich stecke weiterhin drin.

Folgendes Orientierungsbild kann hilfreich sein:
Wenn ich aufmerksam, absichtslos, akzeptierend wahrnehme, was in mir an Wagons von Gefühlen und Grübeleien rauf und runter fahren, dann stehe ich vor der Achterbahn!

Vor der Achterbahn stehen heißt wahrnehmen, was ist und es darf so sein. Kontemplativ sein! Das bringt Heilung.

Aufmerksam: Ich lenke mich nicht ab von meinen Gefühlen.

Akzeptierend: Die Gefühle dürfen da sein. Ich spüre sie.

Absichtslos: Ich brauche nichts verändern.

Die drei As sind die kontemplative Haltung. Wenn ich sie einnehme, stehe ich vor der Achterbahn!

6. Klavier aktiv spielen und sich genießend zuhören

Nachdem ich einige Zeit Klavier spielte, merkte ich, dass ich aktiv Klavier spielen kann und gleichzeitig mir selbst genießend zuhören kann. Wahres Musizieren beginnt genau dann, wenn man nicht nur aktiv spielt sondern dabei sich auch kontemplativ zuhören kann. Dann erst ergibt sich ein sensibler Dialog mit der Musik, die eine intuitive Interpretation ermöglicht.

Das Orientierungsbild macht deutlich:
Ich spreche zwar im Jesusgebet innerlich aktiv den Namen: Beim Ausatmen Jesus und beim Einatmen Christus. Jedoch ich kann gleichzeitig auf den Namen lauschen. Immer mehr wird dieses Lauschen Raum einnehmen.

7. Der Magnet unter dem Tisch und die Kompasse, die sich ausrichten

Man stelle sich vor, dass der Mensch mit einer großen Ansammlung von Kompassnadeln verglichen würde. Einige der Kompassnadeln sind angezogen von einem Magneten namens „Gegenstand, den ich haben will". An einem anderen Tag richten sie sich wieder auf einen neuen Magneten „Gegenstand, den ich jetzt haben will" aus. Andere Kompassnadeln sind schon ganz festgeklemmt in eine Richtung: „Das ist meine Meinung, und von der rücke ich nicht ab." usw.

In diesem Bild, in diesem Gleichnis ist Gott ein großer Magnet, der mit seinem Magnetfeld alles erreicht. Der große Magnet ist aber unter dem Tisch versteckt. Auf dem Tisch steht die Ansammlung von Kompassnadeln, die einen Menschen bilden bzw. darstellen sollen. Wenn nun sich die anderen Magneten zurückziehen oder entfernt werden, (weil der Mensch zum Beispiel in die Wüste oder in Exerzitien geht,) dann wird die Kraft des großen Magnetfeldes unter dem Tisch immer stärker spürbar. Mit der Zeit werden immer mehr Kompassnadeln auf dieses eine große Magnetfeld hin ausgerichtet. Auch festgeklemmte Kompassnadeln lösen sich plötzlich aus der Verklemmung und können sich frei auf das große Magnetfeld hin ausrichten.

Das Orientierungsbild macht deutlich:
Der große Magnet unter dem Tisch bleibt versteckt, Gott bleibt auch in der größten mystische Erfahrung ein Geheimnis.
Die Gegenwart Gottes offenbart sich - im Bild gesprochen - im Magnetfeld, das bewirkt, dass die Kompassnadeln ihre Richtung ändern. Wenn der Mensch auf sein „Ich" schaut und sich die anderen Magnetfelder verziehen, weil er in der Stille verweilt, dann spürt er immer wieder, wie sich einige Kompassnadeln neu

ausrichten. Ansonsten lässt er einfach das große Magnetfeld „Gott" an seinen Kompassnadeln wirken. Das ist auch mit dem Begriff „Wolke des Nichtwissens" gemeint: wir werden den großen Magneten „Gott" in unserem irdischen Leben nie sehen. Aber wir können uns völlig seinem Magnetfeld direkt aussetzen, indem wir alle Gedanken, alle Sorgen usw. loslassen: denn wir müssen nichts wissen, um uns direkt von Gottes Gegenwart verändern zu lassen. Wir müssen uns nur seiner Gegenwart aussetzen, die im Hier und Jetzt, in der Stille da ist und wirkt.

8. Es geht um die Freundschaft mit Jesus Christus

Machen wir das Jesusgebet, um unsere Dunkelheiten mit Gottes Gnade durchzuarbeiten? Machen wir das Jesusgebet, um Erlösung zu erlangen?

Stellen wir uns vor, dass Christus zu uns spricht:
Ich pflege mit Dir nicht Freundschaft, um Deine Dunkelheiten wegzunehmen; sondern ich heile zur rechten Zeit Deine Dunkelheiten, um mit Dir Freundschaft zu pflegen.
Ich will Freundschaft mit Dir. Das ist das Wesentliche!

Das Orientierungsbild macht deutlich:
Das Jesusgebet ist keine Läuterungstechnik, auch keine seelische Heilungstechnik. Das Jesusgebet gibt mir Raum, meine Freundschaft zu Jesus zu pflegen und zu leben.

Müssen wir erst durch die Dunkelheiten hindurch und dann erst sind wir beim inneren Kern? Also zuerst nur Dunkelheit und dann nur Licht? Viele erfahrene Beter jedoch erleben:
Das Licht des inneren Kerns wirkt schon, wenn ich die Dunkelheiten berühre, und diese Dunkelheiten erscheinen auch im Licht des inneren Kerns in einem neuen Licht. Deswegen kann auch bei Dunkelheit ganz viel Präsenz und Licht des Kerns sein.
Ich bin mit Jesus Christus eng verbunden und spüre oft seine Freundschaft auf ganz besondere Weise, gerade wenn ich meine Dunkelheiten „durchwandere".

Acht ignatianische Brocken für das kontemplative Gebet

Ignatius ist ein Mann der wenigen Worte. Kurz und kompakt sagt er oft das Wesentliche aus.

Aber um ihren Gehalt entdecken zu können, muss man öfters die wenigen Worte entfalten. Suppenwürfel kann man auch nicht pur essen, sondern müssen erst in heißem Wasser aufgelöst werden.

Die folgenden Brocken sind nur einzelne Aspekte, die mitnichten die Spiritualität des Ignatius abdecken oder umfassend darlegen können. Aber sie zeigen in Bruchstücken beispielhaft, wie seine Texte für das kontemplative Gebetsleben wertvoll sein können.

1. Mirar, advertir, contemplar, reflejar

Bei der Betrachtung der Geburt Jesu empfiehlt Ignatius unter anderem folgendes: *„Schauen, beachten und betrachten, was sie sagen. Und, indem ich mich auf mich selbst zurückbesinne, irgendeinen Nutzen ziehen."* Exerzitienbuch *(EB) Nr.115*

Die vier spanischen Verben sind: mirar, advertir, contemplar, refletiendo en si mismo (Hinschauen, bemerken, betrachten, auf mich selbst zurückbesinnen)

Ignatius benutzt sie innerhalb einer Bibelbetrachtung. Aber wir können diese vier Verben auch sehr gut als Leitfaden im kontemplativen Gebet anwenden.

Wenn ich meinen Atem meditieren will, dann *schaue (mirar)* ich erst einmal auf den Atem. Ich richte den Scheinwerfer meines Bewusstseins auf den Atem.

Dann *bemerke (advertir)* ich: So atme ich also! Ich bin wachsam und interessiert dabei.

Und ich *betrachte (contemplar)* meinen Atem auch eine Weile, ich betrachte, ich verweile beim Atem. Ich spüre: Das ist mein Atem! Es atmet in mir! *So besinne ich mich auf mich selbst (refletiendo en si mismo).*

Das refletiendo, das Zurückbesinnen bzw. sich selbst anschauen ist insbesondere bei Störungen, Schmerzen, dunklen Gefühlen wichtig: Ich besinne mich auf mich zurück, um zu spüren, *wie* ich auf die Störung, die Schmerzen oder die Gefühle reagiere. Bin ich verärgert? Verdränge ich? Oder beginne ich zu grübeln? Oder kann ich es annehmen? Wenn ich irgendeine Abwehrreaktion habe, kann ich diese auch anschauen, bemerken und betrachten? Das refletiendo lädt mich zur Meta-Ebene ein, von der aus ich sehe, wie ich auf etwas als Erstreaktion reagiere.

Ich kann den Satz von Ignatius auch auf aufmerksames Zuhören in jedem Gespräch mit Mitmenschen anwenden:

Schauen (mirar) bedeutet, sich auf das Du ausrichten. Den anderen anschauen. Eine Ich-Du-Beziehung aufbauen. Ich mache mir klar: Da ist jemand drin. Der andere ist ein Mensch wie ich.

Beachten (advertir) bedeutet, klar wahrzunehmen, was der andere sagt, ohne Verzerrung, ohne Deutung. Was hat er/sie wirklich gesagt?

Betrachten (contemplar), was sie sagen: Was will er/sie sagen? Welche Gefühle und Bedürfnisse und Ansichten und Vorschläge stecken in der Rede?

Indem *ich mich auf mich selbst zurückbesinne (refletiendo en si mismo)*, erkenne ich, wie ich innerlich darauf reagiere. Was regt sich bei mir? Ärgert mich was? Welche Gefühle, Bedürfnisse und Ansichten habe ich?

Indem ich diese vier Aspekte trenne, kann ich klarer und fairer zuhören!

Fazit: Die vier Verben können für die Kontemplation ein ähnlich kompakter Leitfaden sein wie die drei As.

2. Prinzip und Fundament der Exerzitien

Der Mensch ist geschaffen dazu hin, Gott Unseren Herrn zu loben, Ihm Ehrfurcht zu erweisen und zu dienen, und damit seine Seele zu retten.

Die andern Dinge auf der Oberfläche der Erde sind zum Menschen hin geschaffen, und zwar damit sie ihm bei der Verfolgung des Zieles helfen, zu dem hin er geschaffen ist.

Hieraus folgt, dass der Mensch dieselben soweit zu gebrauchen hat, als sie ihm auf sein Ziel hin helfen, und sie soweit lassen muss, als sie ihn daran hindern.

Darum ist es notwendig, uns allen geschaffenen Dingen gegenüber gleichmütig (indiferentes) zu verhalten in allem, was der Freiheit unseres freien Willens überlassen und nicht verboten ist.

Auf diese Weise sollen wir von unserer Seite Gesundheit nicht mehr verlangen als Krankheit, Reichtum nicht mehr als Armut, Ehre nicht mehr als Schmach, langes Leben nicht mehr als kurzes und folgerichtig so in allen übrigen Dingen.

Einzig das sollen wir ersehnen und erwählen, was uns mehr zum Ziele hinführt, auf das hin wir geschaffen sind.

EB Nr. 23

Viele moderne Menschen des 21. Jahrhunderts mögen diesen Text befremdlich finden. Wo bleibt da das Verfolgen von eigenen Zielen, die Autonomie, die Selbstverwirklichung?

Aber wer wirklich in tiefere kontemplative Schichten vordringt, kann ahnen, ja genau spüren, dass es da keinen Widerspruch und keinen Dissens gibt. Gott loben und dienen ist eigentlich identisch mit echt tiefer erfüllender Selbstverwirklichung. Diese Einsicht kann ich intellektuell, philosophisch vermitteln. Aber – und das ist wirklich etwas anderes, das ist eine Gnadenerfahrung – mir kann diese Identität auch im Gebet als existentielle Wahrheit aufgehen.

Mit dieser Vorbemerkung möchte ich nun den Text auf das kontemplative Gebet beziehen. Eines der allerwichtigsten Elemente der kontemplativen Exerzitien ist die Empfehlung: Schenke Deine Gebetszeit Gott. (siehe: Predigt zum Anfangsgebet für die Meditation) Ich begebe mich damit in die Absicht: Ich meditiere nicht, um etwas zu erreichen. (Ich meditiere nicht, um gesund zu werden oder mich wohl zu fühlen oder Fähigkeiten zu erreichen usw.) Sondern: Ich meditiere, um Gott zu loben, ihm Ehrfurcht zu erweisen und zu dienen.

Es ist ähnlich mit der Kunst: l'art pour l'art.. Kunst kann für sich selbst schön, sinnvoll, wertvoll sein. Sie braucht kein Ziel oder Zweck außerhalb ihrer selbst.

Es ist auch ähnlich mit gemeinsamer Zeit mit der Familie oder mit guten Freunden: Diese Zeit ist in sich selbst schön, sinnvoll, wertvoll. (Und es ist eine Untugend vieler moderner Menschen, dass sie stark dazu neigen, auch diese Zeiten irgendeinem Ziel, einem weiteren Zweck unterzuordnen.)

So darf es mit meiner Gebetszeit sein: Es ist meine Zeit mit Gott. Ich bin bei ihm, für ihn da, ihm nahe, auf ihn ausgerichtet, genieße die Beziehung zu ihm. Das ist in sich sinnvoll, wertvoll, schön.

Im kontemplativen Gebet übe ich ihn, was letztlich für das ganze Leben gilt: *Der Mensch ist geschaffen dazu hin, Gott Unseren Herrn zu loben, Ihm Ehrfurcht zu erweisen und zu dienen, und damit seine Seele zu retten.*

Keine Frage: Ich bin lieber gesund als krank, lieber finanziell abgesichert als arm. Ich bin als Pfarrer auch lieber beliebt in meiner Pfarrei, als dass ich z. B. einen Shitstorm in den sozialen Medien über mich ergehen lassen muss. Von dieser Indifferenz, von diesem Gleichmut, den Ignatius hier beschreibt, fühle ich mich weit entfernt.

Vielleicht sollten wir uns bei diesen Zeilen folgendes klar machen: so eine Indifferenz ist ein Gnadengeschenk. Wir können diese

Gelassenheit nicht selbst machen. Wir sollen nicht meinen, wir müssten diese Haltung aus eigener Kraft heroisch erreichen.

Wenn wir diese Einsicht haben, können wir einen anderen Weg wählen: Wir können uns Gottes Gnade öffnen, um uns diese Gelassenheit von Gott mehr und mehr schenken zu lassen.

Und das geschieht im kontemplativen Gebet mit der Absicht, Gott die Zeit des Gebetes zu schenken. Denn dann werde ich unabhängig von den Ergebnissen: Ob die Meditation nun „erfolgreich" war oder ein „Misserfolg" (ich setze ganz bewusst diese Bewertungen in Anführungszeichen, weil diese nur verzerrte Bewertungen aus einer falschen Perspektive sind), ob ich nun ganz still und gesammelt war oder regelmäßig zerstreut war, ob die Meditation leicht oder beschwerlich war – ich schenke die Zeit Gott. Das genügt! Das ist immer in sich gut! Basta! Wenn ich die Zeit schenke, begehre ich Gott selbst – und ich bin damit indifferent gegenüber dem Wie der Meditation.

Wie Teresa von Avila sagt: Gott allein genügt! Basta!

Das kann ich im kontemplativen Gebet einüben UND immer wieder erleben!

Das wird sich aber auch mehr und mehr auf meine gesamte Lebenshaltung auswirken, so dass ich auch im Leben gelassener werde: *Auf diese Weise sollen wir von unserer Seite Gesundheit nicht mehr verlangen als Krankheit, Reichtum nicht mehr als Armut, Ehre nicht mehr als Schmach, langes Leben nicht mehr als kurzes und folgerichtig so in allen übrigen Dingen.*[4]

---

[4] siehe auch in Michael Pflaum: Predigten zum Lesejahr B:
2. Adventssonntag: Ein Wissenschaftler sucht Gott. Eine Erzählung
In Michael Pflaum: Predigten im Lesejahr C
6. Sonntag im Jahreskreis: Das Standbein in Gott verankert

3. Magis und die drei Zeiten einer Wahl

Einzig das sollen wir ersehnen und erwählen, was uns mehr zum Ziele hinführt, auf das in wir geschaffen sind.

Im letzten Satz des Prinzips und Fundaments der Exerzitien steht ein kleines aber wichtiges Wort der ignatianischen Spiritualität: Magis. Lateinisches Wort für: Mehr.

In unserer modernen Leistungsgesellschaft wird das Wort schnell antreibend verstanden: Diese Woche mache ich zehn Liegestütze täglich, nächste Woche schaffe ich schon 12 Liegestütze und in einem Jahr schaffe ich 50 usw.

Dieses Verständnis von Magis ist äußerlich und ergebnis- und erfolgsorientiert. Mit meinem planenden ehrgeizigen Verstand setze ich mir Ziele und evtl. sogar über leise körperliche Warnsignale hinweg ziehe ich mein Trainingsprogramm durch: Jede Woche mehr Liegestützen.

Es ist so wichtig zu betonen, dass Ignatius etwas ganz anderes meint. Ich möchte fast sagen: das Gegenteil! Ich will es an einem allgemeinen Beispiel begreiflich machen: Wenn ich mich in einem Moment zwischen verschiedenen Möglichkeiten entscheiden muss, soll ich das wählen, was mich mehr zum Ziel hinführt, auf das ich hin geschaffen wurde. Um dieses Mehr zu entdecken, muss ich sensibel in mich hinein lauschen. Was tut mir gut, was tut mir besser? Wo wachse ich mehr in organischer, mir adäquater Weise? (Und diese folgende Frage ist nur die andere Medaillenseite der zwei Fragen davor:) Was ist mehr zur größeren Ehre Gottes?

Dieses Verständnis von Magis ist innerlich, prozessorientiert, ganzheitlich, situationsadäquat, personenadäquat.

Mit einem mathematischen Bild kann ich dieses ignatianische Magis so beschreiben: Ich suche für den Punkt, an dem ich jetzt stehe, den Vektor, der mich am besten weiterführt. Dieser Vektor führt mich organisch und passend zum nächsten Schritt. (Und die Gnade des Hl. Geistes führt mich dann wieder weiter.)

Das Magis ist: Der beste Vektor, der mich jetzt organisch weiterführt.

Das Magis von Ignatius enthält noch einen weiteren sanften Aspekt, den ich mit einem Satz von Marshall Rosenberg erläutern will. Er sagte über die gewaltfreie Kommunikation: „In der GFK geht es nicht um perfekt sein, sondern darum, immer ein bisschen weniger dumm zu werden." Diese Zielangabe entlastet uns humorvoll und wirkt erleichternd. Menschen mit einem scharfen inneren Kritiker versuchen in allen Lebensbereichen, perfekt zu sein: Im Beruf, im Zwischenmenschlichen und auch in der Spiritualität. Das Magis des Ignatius dürfen sie erleichternd verstehen:

Wenn ich „mehr" anstrebe, dann strebe ich demütig und realistisch und sanft zu mir selbst nicht das Perfekte, das Absolute an, sondern das gerade Passendere.

Ich nenne die Spiritualität des Ignatius deswegen gerne eine Magis-Spiritualität. Ich darf mich organisch in meinem Tempo zu mir passend spirituell entwickeln. Ich muss nicht perfekt sein. Und ich muss auch nicht irgendein absolutes Ideal erreichen.

Um das Passendere zu finden, das zur größeren Ehre Gottes ist, muss ich möglicherweise ganz bewusst die Unterscheidung der Geister durchführen. Eines der wertvollsten Hilfen dafür entdeckte Ignatius mit seiner ersten großen spirituellen Erfahrung, als er im Krankenbett mit seinem verwundeten Bein liegt. Er erkannte, dass der passendere Weg, der zur größeren Ehre Gottes führt, ihm mehr Trost und nicht Trostlosigkeit bereitet.

Ich kann das Magis möglicherweise durch vernünftiges Nachdenken der pro- und contra-Argumente herausfinden. Das ist die aktive, vernünftige Wahl (die dritte Zeit der Wahl EB Nr. 177):

„Nachdem ich auf diese Weise die vorgestellte Sache erwogen und

nach allen Seiten hin schlussfolgernd überdacht habe, schaue ich, wohin sich die Vernunft je mehr hinneigt;" EB Nr. 182

Ich kann entscheiden nach Trost und Trostlosigkeit, das ist die zweite Zeit der Wahl (EB Nr. 176). Das ist die Wahl durch Spüren. Ich kann sie aktiv vollziehen, brauche dabei aber eine kontemplative Seite.

Mir kann die klare Einsicht der passenderen Wahl aber auch allein durch die Gnade geschenkt werden, das ist die erste Zeit der Wahl im Exerzitienbuch (EB Nr. 175).

Das Jesusgebet, die stille Kontemplation öffnet mich für Einsichten der ersten Zeit und der zweiten Zeit der Wahl. Mit dem Jesusgebet öffne ich mich der Gnade und Führung Gottes. Evtl. zeigt sich in aller Klarheit und ohne Zweifel, was nun das Passendere ist, was zur größeren Ehre Gottes dient. Aber auch Trost und Trostlosigkeit zeigt sich zur rechten Zeit deutlicher, wenn ich das kontemplative Gebet pflege. Die erste Zeit der Wahl kann nicht aktiv erreicht werden, denn sie ist ein Gnadengeschenk. Ich kann mich aber mit dem kontemplativen Gebet für diese Gnade öffnen bzw. disponieren.

4. Die drei Gebetsweisen

Drei Weisen zu beten
Die erste Weise zu beten betrifft die zehn Gebote, die sieben
Hauptsünden, die drei Seelenkräfte und die fünf leiblichen Sinne.
[...]
Die zweite Weise zu beten besteht in der Betrachtung des Sinnes
jedes einzelnen Wortes des Gebetes. [...]
Die dritte Weise des Betens besteht darin, dass man zu jedem
Atemzug oder Atemholen geistig betet, indem man ein Wort des
Vaterunsers ausspricht oder eines anderen Gebetes, dass gerade
verrichtet wird, so dass zwischen dem einen und dem anderen
Atemzug nur ein Wort gesprochen wird und in der Zwischenzeit
von einem Atemholen zum anderen die Aufmerksamkeit
hauptsächlich auf die Bedeutung dieses Wortes gelenkt wird oder
auf die Person, zu der man betet, oder auf die eigene Niedrigkeit
oder den Abstand zwischen der so großen Hoheit und der so
großen eigenen Niedrigkeit. EB Nr. 238-258
Franz Jalics hat in seinem Artikel „Die kontemplative Phase der
ignatianischen Exerzitien"[5] gezeigt, dass Ignatius in der zweiten
Hälfte der vierten Woche der Exerzitien in die eigentliche und
ausschließlich kontemplative Phase eintreten will.
Wenn Ignatius in seinen Exerzitienbuch auch an anderer Stelle
drei Weisen (z. B. der Wahl, der Demut) aufzählt, sind die drei
Weisen immer hierarchisch angeordnet und die kontemplativste
ist immer die oberste Weise. So auch hier: Die ersten zwei Weisen
sind vorkontemplative Gebetsweisen. Sie können durchaus auch
kontemplative Aspekte haben, sind aber schwerpunktmäßig aktiv.
Mit der dritten Weise des Betens beschreibt Ignatius eine Form,

---

[5] In: Schönfeld, A.: Spiritualität im Wandel, Würzburg 2002, S.344-360.

die eindeutig zur Kontemplation, zum stillen verweilenden Gebet hinführt.

Desweiteren zeigte Franz Jalics auf, dass die dritte Weise zu beten nicht nur kontemplativ ist sondern auch von der uralten Tradition des Jesusgebets der Wüstenväter nicht weit entfernt ist: Man braucht nur für die Passage *„ein Wort des Vaterunsers ausspricht oder eines anderen Gebetes"* einsetzen: der Name Jesus Christus. Schon liegt eine wunderbare Beschreibung des Jesusgebetes vor:

Ich spreche mit dem Atem verbunden den Namen Jesus Christus.

Ich lausche dabei auf den Namen Jesus Christus.

Ich richte mich, indem ich den Namen Jesus Christus spreche, auf Jesus Christus selbst aus, auf seine Person.

Ich kann dabei – gemäß refletiendo en si mismo – auch mich selbst spüren, wie ich den Namen Jesus Christus spreche, was das in mir auslöst, wie ich die Beziehung zwischen mir und Jesus Christus in der Gebetszeit erlebe. (Dabei geht es immer ums reine Wahrnehmen und Spüren. Ich soll nicht darüber nachdenken und philosophieren.)

Das Herzensgebet der Mönchsväter ist in den wesentlichen Punkten genau so durchzuführen: „Vereinige deinen Atem mit dem Gedanken an Jesus, und dann wirst du erkennen, wie gut die Ruhe ist. [...] Aber die Fortgeschrittenen und Vollkommenen in Christus haben schon genug an den Worten Herr Jesus Christus, Sohn Gottes, ja sogar an der Anrufung des Namens Jesu allein. Sie üben und lieben es wie das vollständige Gebet und werden dadurch von unaussprechlicher Freude erfüllt, die jede Erkenntnis, jedes Gesicht und jedes Wort übersteigt."[6]

---

[6] Kleine Philakolie. Betrachtungen der Mönchsväter über das Herzensgebet, Düsseldorf 1997, S. 101f.

5. Anwendung der fünf Sinne

In der ersten Gebetsweise empfiehlt Ignatius zuletzt, die fünf
Sinne zu betrachten. Bei dieser Betrachtung sind die Sinne die
normalen äußerlichen Sinne, mit denen ich Gegenstände sehe,
Menschen zuhöre, Essen schmecke, Gerüche wahrnehmen kann
und Gegenstände bzw. Menschen berühren kann usw.
In den kontemplativen Exerzitien beginnen wir genau mit diesen
fünf Sinnen: Ich gehe hinaus in die Natur, betrachte einen Baum,
berühre z. B. das Gras mit meinen nackten Füßen, rieche an einer
Blume, lausche dem Gesang eines Vogels oder dem Rauschen des
Windes und genieße schweigend ganz bewusst das Essen. Dies
führt mich in die Wahrnehmung (contemplari lat.).
Ich beginne mit den normalen Sinnen. Sie können immer neu mich
ins Hier und Jetzt führen, indem ich bewusst wahrnehme und dabei
verweile: Ich sehe. Ich höre. Ich rieche. Ich taste und spüre. Ich
schmecke.
Aber wie soll man folgendes verstehen? *„Riechen und schmecken:*
Mit dem (inneren) Geruchs- und Geschmackssinn den unendlich
milden Duft und die unendliche Süßigkeit der Gottheit, der Seele
und ihrer Tugenden und des Ganzen, so wie es der Person
entspricht, die man gerade betrachtet; dann sich auf sich selbst
besinnen, um Nutzen daraus zu ziehen." EB Nr. 124.
Es gibt also auch innere Sinne… Mit dem kontemplativen Weg
entdecken wir mit der nächsten Übung einen wichtigen inneren
Sinn: Das innerliche Spüren meines Körpers. Wenn ich mit meiner
Aufmerksamkeit durch meinen Körper wandere, wenn ich meinen
Atem bewusst wahrnehme, wenn ich in die Hände spüre, dann
nehme ich mich innerlich wahr. Ich spüre mich. Dieser Sinn richtet
sich nach innen, nicht mehr nach außen.

Aber wie soll man mit *dem (inneren) Geruchs- und Geschmackssinn den unendlich milden Duft und die unendliche Süßigkeit der Gottheit* riechen und schmecken?

Hugo Rahner hat in seinem Artikel über die „Anwendung der Sinne" zwei Deutungen in der Spiritualitätsgeschichte heraus gearbeitet:

In der ersten Deutung ist die Anwendung der Sinne etwas für jeden Anfänger. Jeder kann seine 5 Sinne einsetzen. Jeder Anfänger kann auch dazu eingeladen werden, sich eine Bibelgeschichte mit allen Sinnen lebendig vorzustellen: Wie schaut der biblische Ort bzw. was könnte ich sehen? Was sagen die Personen bzw. was könnte ich hören? Usw. In den kontemplativen Exerzitien gilt ebenso: Jeder Anfänger kann in die Natur gehen und mit allen Sinnen versuchen wahrzunehmen.

In der zweiten Deutung ist die Anwendung der Sinne eigentlich ein Gnadengeschenk, eine sehr sublime Gebetsweise: mit den geistlichen Sinnen innerlich Gottes Gegenwart zu „verkosten", zu „schmecken", zu „lauschen" usw. „Es ist dieser gnadenvolle Gebetsvorgang des „sentido", der gefühlten, ertasteten und wie ein Duft erfaßbaren Gegenwart Gottes"[7] Diese „pneumatische", geistige Sinnenhaftigkeit muss man erleben, dann weiß man, wovon andere sprechen... Denn die Sprache wird hier stammelnd, gleichnishaft, manchmal für Außenstehende seltsam kitschig: Weil dies eine intime spirituelle Erfahrung ist, die unsere Alltagssprache übersteigt...

Im Jesusgebet kann man diese geistige Sinnenhaftigkeit auch erfahren: Wenn ich dem Namen Jesus Christus ganz still und aufmerksam lausche, ja dann kann es mir vorkommen, als ob ich den Namen verkosten würde. Mir kann dieser Name süß und

---

[7] Rahner, H.: Ignatius von Loyola als Mensch und Theologe, Freiburg 1964, S.357.

trostvoll schmecken. In dieser geistigen Sinnenhaftigkeit spüre ich die Gegenwart Jesu Christi, vielleicht lieblich, vielleicht stark, vielleicht umfassend und umgreifend, vielleicht geheimnisvoll … Beide Deutungen schließen sich nicht aus, vielmehr ergänzen sie sich gegenseitig. Schon beim Weggefährten und Vertrauten des Hl. Ignatius Juan de Polanco dürfen beide Deutungen ergänzend nebeneinander stehen:

„Man kann die Anwendung der Sinne verstehen als einen Gebrauch der (gewöhnlichen) Sinne der Einbildungskraft, und so passt sie eher für die im betrachtenden Gebet noch Ungeübten, für die ja die geistlichen Übungen in erster Linie gedacht sind. Man kann sie aber auch verstehen von den geistlichen Sinnen der höheren Vernunft, und in diesem Sinne passt die Lehre eher auf die Fortgeschrittenen und im kontemplativen Leben Erfahrenen"[8]
Wer die kontemplativen Exerzitien intensiv vollzieht, wird Hugo Rahners These, dass die einfache erste Anwendung der Sinne die sublime zweite Weise vorbereitet, aus eigener Erfahrung zutiefst bestätigen können: Die Basis jeder Kontemplation ist die Anwendung der Sinne, erst einmal nach außen gerichtet und dann das Spüren des eigenen Körpers. Die feine sublime Weise, geistig Gottes Gegenwart zu schmecken, zu spüren, zu lauschen usw., ist einerseits immer nur auf dieser Basis möglich und geschieht andererseits durch Gnade, erfahren wir in der Meditation als Geschenk.

Genau diese Verschränkung beider Weisen der Anwendung der Sinne passt zu einem anderen wichtigen Grundwort der Spiritualität von Ignatius: Gott suchen in allen Dingen. Nicht nur ganz oben, in rein geistigen Erfahrungen. Nein Gott darf und soll ich auch suchen mit meinen normalen, nach außen gerichteten fünf

---

[8] Rahner, H.: Ignatius von Loyola als Mensch und Theologe, Freiburg 1964, S.362.

Sinnen: In allen Dingen, Pflanzen, Tieren, Menschen, Landschaften und Kulturgütern. In meinem Körper und seinen vielen Regungen und zu spürenden Signalen. Und Gott zeigt sich, wenn er will, auch im feinen geistigen Spüren, in der Stille, in tiefer Versenkung. Gott suchen oben wie unten, in allen Dingen. (siehe dazu passend EB Nr. 235: *betrachten, wie Gott in den Geschöpfen wohnt...*)

Das kontemplative Gebet kann uns noch weiter führen: in eine Stille hinein, in eine Wolke des Nichtwissens, in der ich auch keine Empfindungen durch die geistigen Sinne spüre. Denn auch diese können wieder gehen. Die Unbegreiflichkeit Gottes zeigt sich in der Meditation gerade darin, dass man nichts festhalten kann, nichts ergreifen kann. Wenn ich im Jesusgebet einfach auf die Person Jesus Christus schaue, dann suche ich Gott selbst und lass mich führen!

In der Betrachtung zur Erlangung der Liebe drückt Ignatius diese Hingabe, die sich völlig von Gott führen lassen will, in einem Gebet deutlich aus:

„Nimm hin, Herr, und empfange meine ganze Freiheit, mein Gedächtnis, meinen Verstand und meinen ganzen Willen, meine ganze Habe und meinen Besitz; Du hast es mir gegeben, Dir, Herr, gebe ich es zurück; alles ist Dein, verfüge nach Deinem ganzen Willen; gib mir Deine Liebe und Gnade, das ist mir genug. "
EB Nr. 234

Mit dieser Hingabe erkenne ich auch, dass es nicht darum geht, irgendeine vermeintliche höchste Sprosse von Reifung und Erleuchtung und spiritueller Erfahrung zu erreichen, sondern zur größeren Ehre Gottes mit der *„mir zugemessenen Kraft" (EB Nr. 237)* im Weinberg des Herrn an dem mir passenden Platz Gutes zu tun.

6. Contra agere und je nachdem

„Und da er früher entsprechen der Gepflogenheit jener Zeit sehr auf die Pflege seines Haares bedacht war und er noch immer eine schöne Frisur hatte, beschloss er nun, es einfach wachsen zu lassen, wie es wolle, ohne es zu kämmen oder zu schneiden oder irgendwie während der Nacht oder bei Tag zu bedecken. Aus dem gleichen Grund ließ er auch die Zehen und Fingernägel wachsen, da er ebenfalls dafür früher besondere Sorgfalt aufgewendet hatte." Bericht des Pilgers Nr. 19

Sein erster Impuls war, schön sein zu wollen, von anderen bestaunt zu werden. Gegen diesen Impuls steuerte er in Manresa dagegen: contra agere. Es soll äußere Schönheit nicht mehr wichtig sein. Es ist eine Umkehr, eine Haltungsänderung, die er mit seinem contra agere bewirkt.

Das zu empfehlende contra agere kann sehr verschieden sein:

Für einen quirligen, spontanen Menschen kann das passende contra agere die Selbstbremsung sein.

Für einen planenden, zögerlichen, grübelnden, zaudernden Menschen kann das passende contra agere die Selbstmotivierung sein.

Für einen ängstlichen, fehlerorientierten Menschen kann das passende contra agere die Selbstberuhigung sein.

Und für einen zu gelassenen, gechillten Menschen kann das passende contra agere die Selbstkonfrontation sein.[9]

Man gibt einem Menschen mit Bluthochdruck ja keine blutdrucksteigende Mittel, sondern blutdrucksenkende Mittel. Und einem Menschen mit niedrigem Blutdruck gibt man blutdrucksteigende Mittel

---

[9] siehe PSI-Theorie von Julius Kuhl. Kompakt dargestellt in: Michael Pflaum: Spinoza und Rosenberg

Das contra agere kann sehr unterschiedlich sein, je nachdem welchem Menschen bzw. welcher Herausforderung man gerade begegnet. Ignatius wusste dies. Deswegen benutzt er bei seinen Ratschlägen in seinen Briefen häufig die Formel „je nachdem". Seine Mitbrüder müssen selbst vor Ort mit ihrer Urteilskraft abschätzen, was die bessere Reaktion, Antwort, Tat ist.

Dies gilt auch für die Meditation! Ich kann mich fragen: Was ist meine typische erste Reaktion, um Schwierigkeiten in der Meditation auszuweichen? Der eine verfällt ins Grübeln, der andere gibt sich dem Dösen hin. Der eine erhöht verbissen die Zahl der Meditationen, der andere geht in den Lottergang über und zerstreut sich.

Das contra agere, die passende Umkehr bzw. Zweitreaktion ist für den einen: Mehr Entschlossenheit! Für den anderen: mehr Gelassenheit! Je nachdem…

So kann man achtsam, aufmerksam und wohlwollend sich betrachten und sich fragen: Was ist meine typische Erstreaktion in der Meditation? Welches sanfte contra agere kann ich immer wieder in der Meditation brauchen?

Es gibt sogar ein Univeral-contra agere, das immer passt: Der Sehnsucht nach Gott folgen! Der Sehnsucht folgen, mit Jesus zusammen sein zu wollen. Wenn ich auf meine Sehnsucht höre, dass ich Zeit mit Jesus verbringen will, dann führt mich die Sehnsucht. [10]

---

[10] Michael Pflaum: Predigten zum Lesejahr B
2. Fastensonntag: Jenseits von mehr und weniger

7. Ignatius´ Gnadenregel und sich disponieren

„ Vertraue so auf Gott, dass du dabei nie auf das (von ebendiesem Vertrauen wesentlich geforderte) Mittun vergisst; und dennoch: Tu so mit, dass eben dieses Mitarbeiten erfüllt bleibe vom Wissen um die alleinige Gewalt Gottes. "[11]

Wir können dieses wunderbar verschlungene Verhältnis von Gott und Mensch auch mit zwei bekannten Sätzen beschreiben und ein fettes UND dazwischen setzen: Christus hat keine Hände außer unsere Hände UND alles ist Gnade!

Diese „Gnadenregel" schließt einen grundsätzlichen Widerstreit zwischen Gott und Mensch aus. Es gilt nicht: Entweder Gott wirkt oder ich. Entweder sein Wille oder meine Freiheit. Vielmehr geht die Regel davon aus, dass Gott und Mensch zusammenwirken können. Ja sogar: Umso mehr Gott mit seiner Gnade in einem Menschen wirken kann, umso freier ist der Mensch und umgekehrt.[12]

Dazu passt die Einsicht von Ignatius, dass wir uns für die Gnade disponieren können. Gott schenkt in aller Freiheit und Weisheit seine Gnade, wie und wann er will. Jedoch ich kann mich mehr oder weniger für die Gnade öffnen oder verschließen. Disponieren heißt: Sich bereit machen, sich für die Gnade und Kraft Gottes zu öffnen.

Natürlich erleben wir immer wieder in der Meditation, dass wir z. B. nach endlosen Grübeleien plötzlich quasi aus dem Nichts völlig präsent sind, ausgerichtet, Gottes Gegenwart erahnen usw. Wir erleben solche Momente zurecht als Gnadengeschenke. Aber es

---

[11] Zitiert nach: Vgl. Rahner, H.: Ignatius von Loyola als Mensch und Theologe, Freiburg 1964, S.231.
[12] Vgl. Lambert, W.: Aus Liebe zur Wirklichkeit. Grundworte ignatianischer Spiritualität, Regensburg 2012, S. 42

gibt auch da ein Mittun: Ich habe mich entschlossen, mich hinzusetzen und zu beten. Ich habe aktiv entschieden: Ich meditiere jetzt. Ich habe ein Vorbereitungsgebet gemacht und in der Absicht diese Gebetszeit Gott geschenkt. Ich habe mich somit aktiv bereit gemacht und damit für Gott und seine Gnade geöffnet und seiner Führung überlassen.

Im Wort „Sich-Disponieren" beschreibt Ignatius genau das Zusammenkommen von menschlichem Mittun und Gnade Gottes von der menschlichen Seite aus. Ignatius weiß, dass man sich nicht die Gnade Gottes verdienen kann. Er weiß, dass wir nicht mit guten Werken Gott gnädig stimmen können – gerade weil er weiß, dass Gott immer gnädig ist.

Aber Ignatius verfällt nicht ins andere Extrem zu meinen, es gäbe gar kein Mittun des Menschen, es gäbe keine natürliche Offenheit des Menschen auf Gott hin, die der Mensch mit der Unterstützung der Gnade nicht auch aktiv etwas freilegen könne.

Genau das ist Sich-Disponieren: Die natürliche Offenheit des Menschen auf Gott hin bewusst etwas frei legen – mit dem Wissen, dass sogar dieses aktive Freilegen nur durch die Kraft Gottes geschieht. Klar: denn alles Sein dieses Universums kommt aus der Kraft Gottes! Alles ist Gnade!

Geistliche Übungen, Exerzitien sind sich disponieren, sich öffnen für die Gnade Gottes: *„Denn so wie Spazierengehen, Marschieren und Laufen körperliche Übungen sind, gleicherweise nennt man geistliche Übungen jede Art, die Seele vorzubereiten und dazu bereit zu machen (disponer), alle ungeordneten Neigungen von sich zu entfernen, und nachdem sie abgelegt sind, den göttlichen Willen zu suchen und zu finden in der Ordnung eigenen Lebens zum Heil der Seele." EB 1*

8. Die Cardoner Gotteserfahrung

„In Andacht versunken, ging er so dahin und setzte sich eine kleine Weile nieder mit dem Blick auf den Fluss, der tief unten dahin floss. Wie er nun so dasaß, begannen die Augen seines Verstandes sich ihm zu eröffnen. Nicht als ob er irgendeine Erscheinung gesehen hätte, sondern es wurde ihm das Verständnis und die Erkenntnis vieler Dinge über das geistliche Leben sowohl wie auch über die Wahrheiten des Glaubens und über das menschliche Wissen geschenkt. Dies war von einer so großen Erleuchtung begleitet, dass ihm alles in neuem Licht erschien. Und das, was er damals erkannte, lässt sich nicht in Einzelheiten darstellen, obgleich es deren sehr viele waren. Nur dass er eine große Klarheit in seinem Verstand empfing. Wenn er im ganzen Verlauf seines Lebens nach mehr als 62 Jahren alles zusammennimmt, was er von Gott in Hilfen erhalten und was er jemals gewusst hat, und wenn er all dies in eines fasst, so hält er dies alles doch nicht für so viel, wie er bei jenem einmaligen Erlebnis empfangen hat. Dieses Ereignis war so nachdrücklich, dass sein Geist wie ganz erleuchtet blieb. Und es war ihm, als sei er ein anderer Mensch geworden und habe einen anderen Verstand erhalten, als er früher besaß." Bericht des Pilgers Nr. 30

Ich möchte das Orientierungsbild „Der Magnet unter dem Tisch und die Kompasse, die sich ausrichten" nochmal aufgreifen, um uns dieser besonderen Gotteserfahrung zu nähern. Wenn durch die Gnade plötzlich ganz viele grundlegende Kompasse von ihren Verhärtungen befreit werden, schwingen sich in einem Rutsch viele Seelenkräfte in Richtung der Gegenwart Gottes und richten sich auf Gott aus. Damit wird das grundsätzliche Koordinatensystem von Fühlen, Denken und Handeln, wird der unausgesprochene Denkrahmen für Gott, Welt und Mensch neu aufgestellt: *Und es war ihm, als sei er ein anderer Mensch*

geworden und habe einen anderen Verstand erhalten, als er früher besaß.

Ignatius spürt in einem Moment in ganz neuer und völlig ungehinderter Weise die Gegenwart Gottes und die Wirkungen dieser Gnade in seinem grundsätzlichen Koordinatensystem und Denkrahmen. Deswegen hat er implizit eine Gesamtschau von ganz vielen Einsichten. Diese implizite Gesamtschau entwickelt Ignatius mit seinem Leben und Wirken.

Hugo Rahner stellt in seinem Essay „Ignatius von Loyola und das geschichtliche Werden seiner Frömmigkeit" die unter Ignatiusforschern bekannte Frage, ob Ignatius in seiner großen Cardoner-Vision auch die Wesenszüge der Gesellschaft Jesu geschaut habe. Es gibt Befunde, die sowohl dafür als auch dagegen sprechen können. Nach der Zeit in Manresa weiß Ignatius jedenfalls nicht genau, was er tun solle: Soll er in einen vorhandenen Orden eintreten? Er weiß nur ganz sicher, dass er den Seelen helfen will. Auch als sich die Pariser Gefährten in Italien wieder sehen, zeigt das historische Material, dass sich Ignatius ebenso wie die Gruppe noch nicht bewusst waren, dass aus ihr ein neuer katholischer Orden werden wird. Andererseits ist erstaunlich, mit welcher Sicherheit Ignatius bei der Abfassung der Konstitutionen auch Einzelheiten im Aufbau der neuen Gesellschaft, wie zum Beispiel Verzicht auf ein eigenes Ordenskleid und auf das Chorgebet, entscheidet und sich dabei auf die Cardoner-Vision beruft. Zum Beispiel schreibt Nadal: „Denn wenn man ihn fragte, warum er dies und das so und nicht anders einrichte, pflegte er zu sagen: „ich berufe mich dafür auf Manresa." und er fügte bei, dass diese Gnade alle anderen Gnaden, die er je empfangen habe, übertreffe."[13]

---

[13] H. Rahner: Ignatius von Loyola und das geschichtliche Werden seiner Frömmigkeit, Salzburg-Graz 1949, S.97.

Die Cardoner-Vision hat Ignatius eine völlig lebendige christologische Intuition vermittelt, ein dynamisches Schema, ein für ihn völlig neues Koordinatensystem, das selbst Werden ist. Dann ist nur allzu verständlich, dass die Gesellschaft Jesu eine echte Neuschöpfung ist, die erst später geschehen wird, und von der Ignatius zur Zeit der Cardoner-Vision nichts bewusst wissen konnte, und trotzdem Ignatius in der Konkretisierungsarbeit seiner Gesellschaft immer wieder auf diese Intuition zurückgreifen wird. Implizit, „virtuell" war diese Entwicklung zu einem neuen Orden in der Cardoner-Erfahrung schon angelegt.

Ignatius schaut das Ganze, mit Bergson und Deleuze gesprochen: das offene Ganze. In dieser Schau des Ganzen sind Einzelheiten nicht explizit sondern in eingefalteter Weise enthalten. Nur der Prozess des Lebens, das Lernen im Leben kann diese Einzelheiten konkretisieren. Diese Vision veränderte ihn so stark, dass seine geistigen Vermögen, Verstand, Vernunft, Sinnlichkeit, Erinnerung und Einbildungskraft, in einer ganz neuen Weise angeordnet werden, denn ein neues Kraftfeld hat sie neu ausgerichtet: der Geist Gottes! Mit diesem neuen Zusammenspiel der geistigen Vermögen besitzt Ignatius nun eine neue Art zu denken, zu empfinden und zu sehen. Ein neues Leben beginnt!

Ignatius wird später seine Gotteserfahrung und seine christologische Intuition mit dem reflexiven Wissen, das er sich im Studium aneignet, untermauern. Diese doppelte Vertiefung des Glaubens, „von oben" und „von unten", wird Ignatius auch von seinen Ordensmitgliedern fordern: Exerzitien und ausführliches Studium. Genauso wie die philosophische Intuition die Auseinandersetzung mit den anderen Wissenschaften suchen muss, wie ein Künstler seinen intuitiven Eindruck reflexiv konkretisieren muss, so muss auch die spirituelle Erfahrung für Ignatius durch theologische Studien fundiert werden.

Jugendliche in die Kontemplation einführen

Wochenende mit der Lichtflamme

Als Stadtjugendseelsorger habe ich regelmäßig für Jugendliche ein Einführungswochenende ins kontemplative Gebet angeboten. Die Lichtflamme mit den Erläuterungen habe ich als roten Faden benutzt.

Eine Einheit bestand aus drei Teilen:

1. Ein Abschnitt der Lichtflamme mit Erläuterung (ca. 10-15 Minuten).

2. Meditationseinheit (ca. 20-25 Minuten).

3. Die Teilnehmer erzählen ihre Erfahrungen und der Begleiter gibt Hinweise und Tipps.

Die drei Teile werden durch Lieder dazwischen verbunden.

Es ist nach meiner Erfahrung sehr wertvoll, nach jeder Meditationseinheit eine Austauschrunde zu machen. Mehrere Einheiten hintereinander ohne eine Reflexion würde Jugendliche überfordern. Sie wären zu schnell orientierungslos und ihre Motivation würde schnell sinken. Deswegen ist es wichtig, die Straßengräben, in die man rutschen kann, schnell aufzuzeigen.

Hüttenwanderung

Als Stadtjugendseelsorger habe ich ebenso regelmäßig Hüttenwanderungen mit täglicher stillen Zeit angeboten.

Junge kräftige Männer belegen eher selten ein Meditationswochenende. Aber sie powern sich gerne beim Bergsteigen aus. Durch die stillen Zeiten und Übungen während des Wanderns bekamen diese jungen Menschen einen Zugang zur Kontemplation.

Jeden Tag gab es eine stille Zeit. Erst las ich einen Impulstext vor, dann folgte eine konkrete Übung für die nächsten 30-60 Minuten, in denen wir schweigend wanderten.

Beispiele für kontemplative Übungen beim Wandern:

- Bewusst die Natur, die Berge wahrnehmen
- In die Stille der Berge lauschen
- Bewusst Atmen und bewusst in die Füße spüren
- Innerlich beten: „Jesus Christus, erbarme Dich meiner!"

Predigten zu kontemplativen Themen in anderen Bücher vom Autor

Besonders die fett gedruckten Predigten behandeln wichtige Einsichten für die Kontemplation

Michael Pflaum: Predigten zum Lesejahr A

2. Fastensonntag: Nach jedem Taborerlebnis muss man hinuntersteigen.

2. Ostersonntag: Thomas – vom Beobachter zum Angeschauten

6. Ostersonntag: Mangel und die größte Gabe des Heiligen Geistes

7. Ostersonntag: Der Name Jesus Christus und der russische Pilger

8. Sonntag im Jahreskreis: Gegenwart und Faust.

19. Sonntag im Jahreskreis: Erbsünde – ein verstaubter Begriff kann aktuell sein

22. Sonntag im Jahreskreis: Wie dem Schmerzkörper begegnen?

Michael Pflaum: Predigten zum Lesejahr B

2. Adventssonntag: Ein Wissenschaftler sucht Gott. Eine Erzählung

2. Fastensonntag: Jenseits von mehr und weniger

3. Ostersonntag: Der Friede, der alles Denken übersteigt

7. Ostersonntag: Heilige deinen Namen, im Namen ist alles

Dreifaltigkeitssonntag: Spiritueller Zugang zur Trinität

16. Sonntag im Jahreskreis: Aus der Einheit leben

27. Sonntag im Jahreskreis: Anfängergeist

Michael Pflaum: Predigten im Lesejahr C

Aschermittwoch: Auch dies vergeht…

2. Ostersonntag: Sehnsucht nach eigener Gotteserfahrung

7. Ostersonntag: UND-Theologie

5. Sonntag im Jahreskreis: Drei Berufungen

6. Sonntag im Jahreskreis: Das Standbein in Gott verankert

10. Sonntag im Jahreskreis: Eckhart Tolle und Paulus

16. Sonntag im Jahreskreis: Martha und Maria als Tendenzen in mir

18. Sonntag im Jahreskreis: Ignatius´ Theologie nach Hugo und Karl Rahner

19. Sonntag im Jahreskreis: Beten ist Warten auf den Herrn

29. Sonntag im Jahreskreis: Beten mit erhobenen Händen

33. Sonntag im Jahreskreis: Beethovens letzte Sonate

Michael Pflaum: 15 Predigten zum Enneagramm und 40 weitere Predigten

Die drei Schritte des Egos und die Rückkehr zur heilenden Gegenwart Gottes (1. FaSo, 3. So A)

Über als ob, als ob nicht (3. So B)

Innere verletzte gelähmte Kinder retten (7. So B)

Bitte heile meine aus Angst kommenden Gedanken (8. So A)

Wie die Polarität Aktiv – Kontemplativ gestalten? (16.So C)

Vergeben und meine 10 000 Talente (24. So A)

Klagegebete als Verständnisspur für das Endgericht Gottes (33.So C)

Das Ehepaar Josef und Maria mit Martin Buber betrachtet (19. März)

Petrus und Paulus: Diskrepanz zwischen Wort und Tat und tiefste Wunden (29. Juni)

Zwei Einsichten in meiner Jugend

Michael Pflaum: Politische Predigten

Die Kombination zweier Strategien ergibt eine besondere Haltung (9 B)

Neben dem kontemplativen Gebet sind sehr wertvoll Betrachtungen und Übungen in der Nächstenliebe und in der Selbstliebe! Dazu:

Michael Pflaum: Exerzitien der Nächstenliebe. Eine Einführung in gewaltfreier Kommunikation, Naikan und The Work im Lichte der Ethik Jesu.

Michael Pflaum: Exerzitien der Selbstliebe. Predigten. Übungen. Essays: Neues Verständnis von Ego und Selbst durch IFS.

Eine philosophisch-theologische Reflexion zum Menschen- und Gottesbild in: *Michael Pflaum: Spinoza und Rosenberg*